Una sinfonía desafinada

Ramón Vigo Sambade

Una sinfonía desafinada
Ramón Vigo Sambade

Diseño de la cubierta: Equipo de diseño de Universo de Letras
Imagen de cubierta: ©Shutterstock.com

Obra publicada por el sello Universo de Letras
www.universodeletras.com

Primera edición: 2025

ISBN: 9788410276895
ISBN eBook: 9788410277892

A mi madre Mª Teresa, que tuvo la desgracia de no sobrevivir para disfrutar de mi absolución en la Audiencia Provincial de A Coruña; a Pili, mi mujer, que tuvo que sufrir esta historia por activa y por pasiva; a los hijos, Borja, Álvaro y Elian, adolescentes y niños que no entendían nada de la farsa que algunos malvados les obligaban a vivir; a mi madrina Mary Carmen, a la que, fiel a su alma de actriz, no se le borró la sonrisa a pesar de las circunstancias; a mi suegra Jesita que, llorando por dentro, animó a su hija en los primeros difíciles momentos; al resto de la familia, especialmente a mi cuñado Jose Ares, por lo que él ya sabe; a mis amigos, porque todos tuvieron que sufrir este triste episodio de mi vida, y a mi abogado, Antonio Platas Casteleiro, por creer en mi inocencia desde el principio.

Prólogo

La prudencia, amigo, es el escudo del sabio que sabe que no todas las batallas valen la pena. Sé que es difícil comprender pero permíteme esta entrada ante el hecho repetido de un inocente que sufre, indefenso, una acusación infundada.

La democracia, en el fondo, no es más que un método que nos hemos dado para convivir: todos somos iguales ante la ley, el ciudadano es soberano en su vida privada y colaborador en la pública y se le concede, sin discusión, la presunción de inocencia. Es la garantía de que las autoridades actúan respetando la inocencia del inocente. Pero no siempre las cosas van por el buen camino: demasiadas veces aparece un chispitas que pide un cuarto de hora de gloria y ve delitos graves apoyado en nebulosas suposiciones que rápidamente eleva a prueba irrefutable: una caja capaz de contener un electrodoméstico y que solo contiene una copia de un contrato de Canal Plus, se convierta, en la jerga policial en "la policía sale de la casa del alcalde de Cee con diversos documentos incautados".

Una fotografía al caso, los medios de comunicación al acecho para difundir la noticia y ya tenemos la base para que se inicie una perfecta ceremonia de la confusión. Y el cotilleo y chismorreo, dos de los vicios nacionales de más arraigo, primero se expanden y de inmediato se convierten en transmisiones de la verdad, en sentencia pública. Un juez que por prisas o trabajos, no se da cuenta que el insignificante hecho para él de no mover un papel, pueda causar destrozo notable en la vida de un ciudadano. Un ciudadano, que de pronto, conoce el mundo triste del "está usted detenido", en el que el calabozo se convierte en una realidad, la cárcel,— treinta años pedía algún descerebrado—, en una posibilidad. Ocho años de esperas y al final del despropósito, la palabra "absolvemos".

Absolvemos de qué?. Comprendo tu desconcierto, probablemente tu ira. Pero aún así, permíteme un consejo que te da nuestro Gracián "retírate en el resguardo de tu silencio".

Ya sé que los chispitas de turno no lo entenderán; su "mirada de vertedero" con el que todo lo observan es su propio castigo.

Paciencia, la gran virtud: hazme caso. Y como consolación permite que te cite otra vez a Gracián:

"el varón sabio de dichos y cuerdo de hechos,
es siempre admitido en el reino de los discretos".
Creo que es tu caso.

Carlos Mella Villar
Ex Vicepresidente 1º de la Xunta de Galicia
Ex Conselleiro de Economía, Facenda e Comercio
Licenciado en Económicas por la Universidad de la Sorbona
Doctor en Derecho por la Universidad Complutense
Escritor

Prefacio

Tomé la decisión de escribir este libro por la necesidad vital de contar un episodio judicial que sufrí como víctima en primera persona y que modificó sustancialmente mi personalidad al encontrarme por primera vez con el mal encarnado en humanos.

Y antes o después pasaremos página, gracias a esa facultad vital que nos permite hacer las paces con el ayer, reponernos y enfocar con ilusión otros capítulos de la vida. Y eso no es todo. Pasar página también beneficia al corazón y al sistema inmunológico.

Luis Rojas Marcos. Sevilla 1943.
Profesor de Psiquiatría de la Universidad de Nueva York.

Pocos meses después de que se produjesen los asaltos a los ayuntamientos de Cee, Fisterra y Mazaricos, los registros domiciliarios, de despachos profesionales, empresariales y la detención de tres alcaldes, tres tenientes de alcalde, un alguacil municipal y tres empresarios en la Costa da Morte en el marco de la operación policial bautizada como Orquesta, comencé a valorar la idea de recopilar datos que junto a mi vivencia personal pudiera posteriormente plasmar en un libro.

Para evitar la comisión de errores es bueno que pase el tiempo. El necesario para documentarse bien, para eliminar o cuando menos minimizar la ira que pudiera haber provocado el suceso y fundamentalmente para tener una visión amplia y certera de los hechos, en este asunto avalada por el sumario y las publicaciones periodística escritas, sonoras e incluso visuales que se prolongaron a lo largo de los años, que no fueron, en general, muy atinadas y que provocaron que los medios de comunicación sean protagonistas exclusivos de una parte de este texto. Según dicen, Unamuno afirmó que, "hay gente que consigue ver la rana esculpida entre la filigrana plateresca de la Universidad de Salamanca, pero abandona el Patio de Escuelas sin haber visto la fachada".

Después de ocho larguísimos años y una vez absueltos, los seis últimos acusados, por la Sala segunda de la Audiencia Provincial de A Coruña comencé a redactar este libro con serenidad y tiempo, azuzado por otros encausados, políticos de uno y otro signo, de dentro de la corporación municipal de Cee y de fuera, y por supuesto amigos y familiares a los que no le da llegado el día de su publicación. Todo ello a pesar de ser el protagonista más prolífico a la hora de hacer declaraciones a la prensa, algunas con abundante enjundia.

Con la lectura de este libro uno puede concluir que un día fuimos o más bien fui el eje sobre el que giraba la noria político social de la Costa da Morte e incluso más allá de la misma.

Mi pretensión y lo que intento reflejar con la escritura de este libro es la realidad de unos hechos que nunca debieron ocurrir, e intentar que a través del mismo el lector llegue a la conclusión de quienes eran los individuos que estaban en el puente de mando dirigiendo la operación y la de los braceros ejecutores del daño que, aunque resultara fallido, será irreparable.

Y por último reflexionar sobre una cuestión cada vez más señalada, el uso inadecuado de la justicia para resolver por la vía rápida, permítanme la ironía, asuntos que competen al ámbito político. No se pueden tener los juzgados saturados con procesos y demandas con origen en la confrontación política que enlentecen procedimientos mucho más determinantes para la sociedad y para la vida de la ciudadanía.

PRIMERA PARTE
PERFORMANCE
JURÍDICO-POLICIAL

I

Eran las ocho de la mañana y no las cinco de la tarde como cuando rondó la negra sombra a Ignacio Sánchez Mejías en el poema de Federico García Lorca. Iba, sin saberlo, camino hacia la muerte, una muerte política provocada por infames miembros de la judicatura, policías y políticos de alto y bajo nivel jerárquico, no como en el caso del torero a quien se la infligiría un noble animal que se defendía en la plaza. No había amanecido, el Ayuntamiento estaba cerrado y solo el café Central había abierto sus puertas aquella mañana del 31 de enero de 2011. Para los que estudiamos en «las monjas» cuando lo dirigía una congregación de Salesianas y un padre de la misma orden religiosa, era el día del patrón, San Juan Bosco, educador, escritor y sacerdote italiano del siglo XIX. Para mí también era un día importante, el decimocuarto cumpleaños de mi hijo Álvaro, que habíamos celebrado el día anterior por ser el propio un día lectivo y tener que asistir a sus clases en el instituto.

Me dirigía a un Juzgado de lo Social de A Coruña a ratificarme y defender un informe de valoración de daño corporal que había redactado meses antes y que hacía referencia a un caso de incapacidad laboral. Entré en mi coche, que se encontraba estacionado enfrente de la casa consistorial, y lo encendí. Nunca pensé que ese Volkswagen Touareg V10 se convertiría en el vehículo más mediático de España, pues abrió los telediarios de ese día en todas las cadenas de televisión al ser registrado de forma ilegal en público.

Cuando iniciaba la marcha, escuché un sonido que parecía el de unas llaves que golpeaban sobre el cristal de la ventanilla del copiloto. Inicialmente confundí al sujeto que llamaba con el anterior concejal de cultura del ayuntamiento, y pensé para mí: «Todavía está Juanma de fiesta a estas horas». Inmediatamente me di cuenta del error y comprobé que era otra persona y que las presuntas llaves no eran tales, sino un objeto que parecía una plaquita de metal. Bajé el cristal hasta la mitad y un señor que se identificó como policía me informó de que estaba detenido, invitándome a que aparcara y saliera del coche. Así lo hice, y al salir pude comprobar que al lado de la puerta por la que tenía que hacerlo se apostaba otro individuo que se identificó, también, como policía. Minutos más tarde se acercó uno más, que al final resultó ser el subinspector o inspector que dirigía la operación, que seguramente pensaba que lo encumbraría en el escalafón de la carrera policial. Destacaba por ser de hábito constitucional leptosómico, altivo y de andares ligeros, lo que provocó que algún funcionario del ayuntamiento lo bautizara con el sobrenombre de *el Chispitas*.

Me preguntaron dónde vivía (pregunta innecesaria tras llevar más de dos años investigándome y escuchando ilegalmente mis conversaciones telefónicas), a lo que yo respondí que en el edificio de enfrente. Preguntaron también quién estaba en casa, a lo que contesté que mi mujer y su hijo, para a continuación indicarme que nos dirigiéramos con normalidad hacia el inmueble. Al llegar a la vivienda, me solicitaron que despertara a mi mujer, le explicara la situación y nos dirigiéramos a la sala, que era la estancia donde se encontraban. Obvio describir la cara de perplejidad y el shock emocional de Pili, mi mujer, cuando de forma rápida y concisa le expliqué la situación y mi estado de asombro e incredulidad en el marco de una aparente tranquilidad.

Dejé a Pili arreglándose y me dirigí a la sala, donde me entregaron el auto de la detención y las imputaciones que me afectaban, a la sazón delito fiscal, falsedad documental, tráfico de influencias, cohecho, malversación de fondos públicos y prevaricación, el pack completo del buen corrupto. Tras una rápida lectura observé que no estaba solo en el asunto, aparecían señalados conmigo los alcaldes de Fisterra y Mazaricos, un teniente alcalde de Cee, dos de Fisterra y uno de Mazaricos, un funcionario de este último ayuntamiento y diversos empresarios de la construcción y del espectáculo.

Mientras esperábamos, el jefe me dijo que era muy inteligente, en un intento de generar una empatía a la que solo un imbécil respondería, si está detenido. Mi respuesta fue seca y fría, limitada a un mero «¿No tanto como pueda aparentar?». Llegó Pili y le preguntaron a qué hora entraba el niño en el colegio y si iba solo. Ante sus respuestas decidieron que ella atendiera al niño y lo llevara normalmente al colegio. A mí me dijeron que los acompañara al ayuntamiento y que nos dirigiésemos a mi despacho simulando normalidad. Así lo hicimos; entramos y di los buenos días a los funcionarios, que nada sospecharon, pues la policía no iba uniformada, aunque no tardarían en recibir el impacto y de vivir, junto con otros durante este largo proceso, uno de los días más complejos de su carrera funcionarial e incluso vital.

Ya en el despacho, me informaron de que íbamos a esperar a que llegara el juez, quien a la postre sería el titular del Juzgado de 1.ª Instancia e Instrucción n.º 2 de Corcubión, el muradán Andrés Lago Louro, quien estaba al mando de la operación con la inestimable ayuda del Chispitas y el empuje político de los vientos de la meseta.

Tardaba su señoría y durante ese tiempo llegó Pili, quien pasó aquella mañana entre mi despacho y el suyo, anexo al mío, como jefa de gabinete de la alcaldía, cargo que ocupaba en aquel mandato.

A mí me ordenaron sentarme en una de las sillas de la mesa de reuniones que tenía en mi despacho. Hablé por teléfono con algunas personas que me llamaron una vez que la noticia empezaba a correr como la pólvora, hasta que el jefe le ordenó al policía que me custodiaba, sentado a mi lado, que me requisara el teléfono móvil. Aproveché hasta ese momento para intentar tranquilizar a la familia, aunque ya Pili, que no estaba detenida, se encargaba de ese cometido. En un momento que consideré oportuno le dije que llamara a mi hermana la abogada, para que me recomendara un penalista de prestigio, pues empezaba a tener la sospecha de que el origen del caso apuntaba alto, no me parecía normal semejante despliegue policial y mediático. Ni en la Operación Nécora ni en otros casos de envergadura en el ámbito del narcotráfico que se desarrollaron en la Costa da Morte hubo nunca semejante despliegue policial. La ópera bufa estaba montada.

La policía mostraba un desconocimiento llamativo de la dinámica administrativa municipal; pedían documentación inexistente, trámites que no se habían realizado. Fue una investigación caótica que, paradójicamente, no mejoró con la llegada del juez, quien entró en mi despacho, como el televisivo teniente *McCloud* de los años 70, pero sin la pelliza, que sustituía por una gabardina. Me saludó y, a continuación, me preguntó dónde tenía el contrato de trabajo de un ciudadano de Cee que nunca trabajó en el ayuntamiento. Le contesté que en la alcaldía no se custodiaba ningún contrato y que, además, esa persona no trabajaba ni trabajó nunca en nuestra institución. No le convenció esa respuesta ni ninguna otra que les di. Seguían insistiendo, tanto el juez como el Chispitas, en la idea que tenían preconcebida. Cabe destacar que en el Caso Orquesta la investigación se limitó a unas intervenciones telefónicas ilegales, un reducido número de seguimientos de determinadas personas y a un reportaje fotográfico de empresarios y políticos en una comida que se celebró en un restaurante de la parroquia fisterrana de Sardiñeiro, a la que yo no asistí y en el que aparecían incluso personas que no habían asistido ni tenían nada que ver con la causa. Unos genios de la criminología al servicio de la egolatría de algunos y de los intereses políticos de otros. Registraron todos los cajones de mi mesa, los papeles que había sobre la misma y toda la documentación que se guardaba en el armario del despacho. Otro tanto ocurrió con el despacho de la jefa de gabinete y con documentación que se llevaron de la oficina general del ayuntamiento y que se adjuntó al sumario.

Mezclaban la documentación de la comisión de fiestas con la municipal y no entendían su funcionamiento, ni cómo podía existir. Era surrealista que no supieran una realidad que comparten todas las poblaciones de Galicia.

En el ventanal del pasillo que da entrada a las oficinas, el secretario judicial mostró su asombro al Chispitas por la numerosa presencia de televisiones, medios radiofónicos y plumillas que se mezclaban con policías y ciudadanos estupefactos por ese enorme despliegue, a lo que este contestó: «Eso es bueno, eso es bueno». Esta respuesta me hizo pensar que se buscaba una escenografía impactante como la de los grandes musicales y que me encontraba inmerso en medio de una nueva operación política de esas que utilizan los medios del Estado para fines espurios, de la que desconocía el alcance, pero de la que intuía el origen. Posteriormente, cuando supe que a la operación la habían bautizado con el nombre de Operación Orquesta, lo consideré un acierto, pues fue a todas luces una operación orquestada.

El juez ordenó ir a registrar mi coche, acción que se realizó a la vista de periodistas de todo tipo de medios de comunicación y ciudadanos curiosos. El telediario de *Antena 3* de ese día abrió su edición del mediodía con las imágenes de ese registro, en el que, como era de esperar, aunque el guion de su imaginativa tragicomedia no estuviese escrito así, nada se encontró, ni documentos inculpatorios, ni dinero, nada.

Hay que reseñar que ese registro nunca debió ejecutarse de la forma en que se hizo. Lo correcto hubiera sido llevar el coche a un garaje y allí, en presencia, cuando menos, del secretario judicial, proceder al mismo; pero eso no hubiera contribuido, en la medida requerida, al espectáculo que se pretendía ofrecer.

Más tarde volvió a entrar el juez en mi despacho y me comentó que se iba a proceder al registro de mi domicilio y de mi despacho profesional, situado en el mismo edificio en un inmueble dedicado a oficinas y que compartía con mi hermana, mi cuñado y otros profesionales, todos ellos dedicados al mundo de la arquitectura y el derecho.

Me dijo que, dada la cantidad de medios de comunicación y de gente que permanecía delante del ayuntamiento, por donde tendría que pasar caminando, podía evitar acudir, tal y como es preceptivo, a presenciar el mismo y hacerlo en mi lugar mi mujer. En aras de no contribuir al espectáculo accedí e incluso lo agradecí.

La comitiva estaba constituida por el juez, el secretario judicial, un grupo de policías entre los que se encontraba el encargado de grabar las imágenes que consideraron de interés para la causa y, por supuesto, mi mujer. En el registro obviaron las habitaciones de los niños y empezaron por la nuestra; abrieron el armario y el juez se limitó a correr las perchas de las camisas y a decir con asombro: «¡Oh, Carolina Herrera!», una marca que utilizaba, y que utilizo, aunque más en aquel momento. Cuestión de modas y de gusto personal. Lo que no resultaba óbice para considerar que la actitud de su señoría encajaba más en la de un sastre o modista o un vulgar cotilla que en la de un jurista en el curso de un registro policial.

Posteriormente se dirigieron a la cocina y le indicaron a mi mujer que abriera los cajones preguntándole previamente qué había dentro, cuestión a la que ella, sorprendida, respondió, a la vez que abría los cajones: «Lo normal en una casa, menaje de cocina, paños, sartenes». Estaba probablemente ante la situación más surrealista que había vivido nunca, aunque todavía no se había llegado al clímax del registro. Ya en la sala, un policía preguntó si teníamos dinero escondido, Pili respondió que en casa no teníamos dinero, ni falsos fondos ni nada por el estilo, que éramos una familia normal que vivía en una casa normal y que no entendía qué era lo que buscaban. Hay que entender que en ese momento todos éramos desconocedores de la realidad y nuestra sorpresa era mayúscula. Otro policía abrió un cajón y, con la sorpresa de quien ve una serpiente pitón, exclamó: «¡Oh, Cohibas!», sí, tenía allí guardada una caja de esa marca de puros. Todos los que me conocen saben que fui fumador de puros habanos durante muchos años, de esa marca y de otras. Un hábito que me llenó de placer y que seguramente contribuyó a acelerar mis problemas de salud codificados en mi mala tarjeta genética. A continuación, y ya para finalizar el registro en mi vivienda, abrieron otro cajón y un policía sacó un resguardo de la instalación de *Canal Plus*, se lo enseñó al juez y este ordenó que se lo llevaran. Es posible que estuviera valorando instalar el canal de pago en su vivienda y quisiera comparar precios. La verdad, era difícil entender otros motivos. Este documento fue el único ocupante de una caja en la que cabría una televisión de veinte pulgadas y que constituyó todo lo requisado en mi vivienda.

Se dirigieron al trastero que se sitúa en los áticos del edificio. Al entrar se podían ver varias cajas y algunas maletas. Al Chispitas se le iluminaron los ojos, pero abrieron las maletas y estaban vacías, salvo alguna que conservaba folletos informativos de diferentes viajes realizados. Frustración en las fuerzas de la ley al servicio de... Se dirigió a Pili y le preguntó qué había en las cajas, a lo que esta respondió que figuras de Belén. Soy belenista desde niño y monto en mi salón una reproducción libre de los espacios y personajes de la época en la que nació Jesús de Nazaret, con un paisaje más gallego que palestino, con mucho verde y poca arena. Esas figuras de entre 17 y 21 centímetros de altura, junto con otros objetos relacionados, eran lo que se guardaba en las cajas. Un policía filmaba y otro abría para revisar su contenido. Cada vez que lo hacía pronunciaba la palabra «Belén», cada vez con un tono más de enfado y desesperación. Su señoría decidió entonces dar por finalizado el registro del trastero sin nada que llevarse en la caja, a no ser que ordenase la incautación de una mula y un buey, o tal vez de Herodes.

En la tercera planta del inmueble se localizaba mi despacho profesional. En el pasillo, al lado de la puerta de entrada, se encontraba apostado un policía nacional uniformado, lo mismo que en la entrada de mi vivienda. Me embargó la emoción cuando lo supe, pues nunca había sentido tanta seguridad en mi vida. El juez prohibió la entrada en los despachos de los otros profesionales que trabajaban en el piso y ordenó que solamente registraran el mío, un registro *sui géneris* donde el secretario del juzgado se dedicó a ojear el libro de Camilo José Cela, *Madera de boj*, que sacó de mi librería que ocupaba una de las paredes, en la que se podían encontrar tratados de medicina, libros de ensayo y novelas, fundamentalmente. La policía registró los cajones de mi mesa de despacho mientras el compañero especializado en informática analizaba mi ordenador, en el que únicamente encontraron informes médicos de valoración de daño corporal. Era ya la hora de comer y dio la impresión de que eso no le llenó, ni a ellos ni sobre todo al Chispitas y al juez.

Terminó el registro y salieron del edificio acompañados del policía que llevaba la caja apaisada y apoyada en sus brazos, en la que solo viajaba un simple resguardo de Canal Plus, cuya imagen se reprodujo en todos los medios de comunicación escrita y en las televisiones, con un titular totalmente erróneo que decía: «La policía sale de la casa del alcalde de Cee con diversos documentos incautados». Quedó claro que la escenografía pretendida se consiguió. No fue difícil, un policía portando una caja que podría contener más de cinco kilos de documentación que salía del edificio en donde vivía era ideal para el triunfo de una ceremonia de la confusión.

II

Cuando regresaron al ayuntamiento, el juez me comunicó en la alcaldía que continuaba detenido y tenía que ir a los calabozos de Lonzas en A Coruña. En la antesala de mi despacho habló con el Chispitas y le indicó que me sacarían por la puerta de atrás del ayuntamiento, pues en la principal se acumulaban gran cantidad de medios de comunicación y ciudadanos. También le ordenó que lo hiciera sin colocarme los grilletes, decisión que quizá sea la única que le tenga que agradecer al juez Lago Louro en todo este proceso. Muchos compañeros alcaldes tuvieron que sufrir ese mal trago de ver su imagen esposados en diferentes medios de comunicación, las cuales permanecen en el tiempo, incluso después de que a muchos los declararan inocentes y, por tanto, fueron absueltos.

Salí acompañado, como no, por el Chispitas, quien me llevaba asido por el brazo como si no supiese andar solo, y por supuesto me puso la mano en la nuca cuando entraba por la puerta trasera de un vehículo policial no rotulado. No sé si quiso demostrar que estaba detenido o actuó como buen samaritano intentando evitar que me golpease la cabeza con el techo del coche. Alguien de las fuerzas del orden comunicó que mi salida sería por atrás porque se produjo un corrimiento humano generalizado de medios y ciudadanos hacia la zona por la que salí. Recuerdo la cariñosa frase: «Ánimo, Ramón», que pronunció la vicealcaldesa, Amancia Trillo, y un gesto del que después me arrepentí, levantar el auto de detención que llevaba en mi mano para tapar mi cara cuando las cámaras se pegaron a la ventanilla del coche. Fue un acto reflejo, de protección, pero que no se correspondió con la actitud que mantuve durante los más de ocho años del proceso, siempre dando la cara, con la cabeza alta y señalando a los indeseables que diseñaron y ejecutaron esta deleznable historia.

Se sentó a mi lado un policía más joven que yo, alto, delgado y con melena, que pertenecía al grupo de homicidios de Pontevedra. Me saludó educadamente y emprendimos el viaje hacia A Coruña. A pesar de que durante la mayor parte del mismo el silencio fue nuestro compañero de viaje, ya cerca de A Coruña me preguntó a qué me dedicaba al margen de la política. Respondí que era médico, y afectuosamente me dijo que estuviera tranquilo, que la situación que estaba viviendo pasaría en un par de años y que me dedicara a mi profesión, que no estaba sometida a esas vicisitudes. La verdad es que me reconfortó y se lo agradecí, aunque no le dije nada. Se quedó corto en el número de años que tardaría en resolverse la situación, pues fueron más de ocho largos años los que duraría la instrucción y el tiempo procesal hasta que me sentara ante los tres magistrados que componían la sala segunda de la Audiencia Provincial de A Coruña.

Entramos por una especie de garaje en la Comisaría Provincial de Lonzas. Me condujo a una recepción donde me entregaron una bandeja y me ordenaron que depositara todos los objetos que llevaba, incluidos el cinturón y la corbata para evitar que me suicidara. Cuestiones del protocolo de detenidos, pues ese acto era el único que no se me pasaba por la imaginación, aunque bien pudiera ser un deseo de alguno de los muñidores de esta *tragi-*

comedia. Les pregunté si podía quedarme con las pastillas que portaba y que tomaba para la cardiopatía isquémica que padecía desde hacía años y que guardé en la chaqueta cuando salí del despacho. Me respondieron que no, que si necesitaba algún fármaco me llevarían al médico para que me los prescribiera. A continuación, me condujeron a una estancia estrecha llena de pintadas que me recordaron a los baños del patio de mi añorado Colegio *Peleteiro*. Podría denominarse sala de tránsito, sala de espera o incluso purgatorio según la imaginación de cada cual. Ahí se despidió de mí el policía que me custodió desde Cee y al que no volví a ver en mi vida, aunque junto al que me acompañó en mi despacho durante la detención serían los únicos con los que no me importaría tomar un café.

De ahí me trasladaron al área de calabozos donde me ordenaron desnudarme sin apuro, con indicación expresa de que me quitara los calcetines de tal forma que quedasen del revés. No me hicieron tacto rectal y, en mi caso, supuso una relajación. Me indicaron que me vistiera de nuevo y me condujeron a la celda que ocuparía durante las casi cuarenta y ocho horas que permanecí en las mazmorras de Lonzas. El espacio, reducido, estaba ocupado por una cama de cemento cubierta de azulejos sobre la que descansaba una colchoneta de escay de color marrón, de no más de diez centímetros de grosor. Me entregaron una manta, aparentemente limpia y desinfectada, también de color marrón y que venía introducida en una bolsa de plástico transparente. No me entregaron pijama a rayas. Cerraron la reja y se fueron. Allí me quedé con la única compañía del auto de detención con el que salí de mi casa, no sé muy bien por qué ni para qué. Sin embargo, me valió como entretenimiento, pues su lectura y relectura me hizo pensar en las vivencias del día y en la motivación y en quién o quiénes habrían podido pergeñar esta afrenta que apestaba a política policial y jurídica. Lo primero que llamó mi atención fue que una de las seis imputaciones y una de las más graves era la de un delito fiscal. No era necesario tener grandes conocimientos en derecho para saber que ese delito se comete cuando se defrauda más de ciento veinte mil euros en un ejercicio fiscal. Parecía evidente que el juez muradán que dictó el auto no era muy avezado en matemáticas, pues con el IVA de los años 2009 y 2010 y no llegando a ciento noventa mil euros el coste de ninguna de las fiestas patronales de esos años resultaba imposible defraudar esa cantidad.

Que fueran presuntos delitos relacionados con las celebraciones en honor a la Virgen de A Xunqueira, patrona de Cee, supuso, como antes cité, que la policía bautizara la operación como Operación Orquesta. Tras la instrucción, este delito desapareció de la ristra de imputaciones, era irrisorio y desacreditaba la profundidad jurídica del juez.

Tras un período de tiempo indeterminado, un policía se acercó a la celda y me ordenó que le acompañara a realizar unas pruebas. Me condujo a una estancia donde me realizaron las típicas fotografías que acostumbramos a ver en las películas, me tomaron las huellas dactilares y una muestra de ADN, que obtuvieron con un bastoncillo frotando mis mucosas bucales. El terrible delincuente en el que algunos desalmados pretendieron convertir al alcalde de Cee ya tenía registrado su perfil biológico en el banco de datos de la policía española. Me acompañaron de nuevo a la celda, y al llegar mantuve una breve conversación con mi amigo Jose Traba, alcalde de Fisterra, que se encontraba en una celda situada enfrente a la mía; a pesar de que el grosor de los barrotes distorsionaba un poco la voz, logramos entendernos. También tuve la oportunidad de saludar a alguno de los otros detenidos que venían a un wáter situado anexo a mi jaula. La verdad que esta circunstancia provocaba un trasiego permanente, magnificado por el estado de la próstata de algunos y que se unía a las entradas y salidas de nuevos detenidos, circunstancia que se produciría a lo largo de la tarde y de la noche de ese día y durante todo el tiempo que disfruté de esa habitación sin vistas.

Volvió un agente y me comunicó que, si tenía que tomar unas pastillas, tendría que ir al Centro Médico de la antigua Casa del Mar. Me acompañaron dos policías en un coche patrulla; fui sentado en el asiento de atrás mientras ellos ocupaban los asientos delanteros. No me hicieron ningún comentario durante el trayecto, que ellos aprovecharon para hablar de cuestiones relacionadas con la cotidianidad. Al llegar, me acompañaron al interior y me indicaron que nos sentáramos en una fila que estaba vacía y alejada de una zona de espera donde se encontraba un grupo de pacientes que se fijaron en nosotros, movidos seguramente por la presencia policial, aunque no de forma excesiva, quizá por la ausencia de esposas en mis muñecas, que me señalarían con mayor claridad como detenido. No tardamos mucho en entrar a la sala médica donde se encontraba una médico, enfrente a la que nos sentamos los policías y yo, que ocupaba la silla de en medio. Mi compañera de profesión, que demostró una sagacidad abrumadora, me preguntó si estaba detenido, como si fuera normal entrar en una consulta custodiado por la policía. Le expliqué que padecía una cardiopatía isquémica y los fármacos que necesitaba que me prescribiera; lo comprobó en el programa informático y me entregó la receta. Al salir, la policía me preguntó si me acompañaban a una farmacia, ofrecimiento que decliné informándoles de que tenía los fármacos depositados con mis objetos en la comisaría. Regresamos a Lonzas y me devolvieron a mi celda.

Poco después me trajeron la cena, productos precocinados introducidos en fiambreras desechables y que convertían en platos de restaurantes de tres estrellas Michelín los que nos hacía Matilde Ramos en el comedor del colegio Manuela Rial de Cee, *o Manolo el jefe de cocina del colegio* Peleteiro de Santiago de Compostela. Eso sí, nada de carne de cerdo, porque según los pusilánimes legisladores españoles, en nuestro sistema penitenciario no se puede molestar a nuestros hermanos musulmanes.

Para dormir elegí un atuendo no excesivamente cómodo ni lujoso, pues solo me despojé de la americana, desabotoné el segundo botón de la camisa y los dos de la cintura del pantalón, bajé los calcetines hasta el tobillo para evitar presión innecesaria y me cubrí con la manta que me habían entregado. No pasé frío y dormí sobre cinco horas y media del tirón. Todo ello a pesar de las entradas que se produjeron a lo largo de la noche y los múltiples paseíllos de visita a mi ilustre compañero, el váter de puesto. La mayor incomodidad fue tener que dormir con las lentillas puestas, ya que eran de uso diario y no tenía de repuesto. Como era de esperar, al despertar tenía los ojos secos y tuve que esperar a que mis lágrimas de forma natural fueran humedeciendo las lentillas y así recuperar el confort ocular y una visión normalizada. Lo que no esperaba era que mi hermana Yolanda, también usuaria de ese sistema de corrección visual, estuviera preocupada por esa circunstancia y que hiciese todo lo posible por hacerme llegar unas lentillas nuevas, las que tuve opción de colocar tras ser conducido a la entrada y una vez me fueron entregadas. El cambio fue sustancial y agradecido por mis ojos.

Durante la mañana llevaron a declarar a los despachos policiales al alcalde y tenientes de alcalde de Fisterra y tuve que escuchar con estupefacción como un detenido preguntaba quiénes eran esos tíos, y la respuesta de otro, con voz rasgada, habitual en ambientes lumpen y carcelarios, que eran unos pringados de alcaldes de la Costa da Morte que habían detenido el día anterior, que él lo «viera» en televisión. La verdad que no di crédito a lo que escuchaba, un probable delincuente habitual que seguro pasó muchas noches de su vida en el calabozo, tenía la osadía de llamar pringados a tres honorables servidores públicos.

No tardaron mucho en regresar. Pregunté a Traba, alcalde de Fisterra, cómo le había ido y me contestó que por consejo de su abogado no habían declarado. Esa respuesta me hizo pensar que yo debería hacer lo mismo, pues si era lo más correcto para ellos también lo sería para mí. También llamaron a José Manuel Santos Maneiro, alcalde de Mazaricos, y a los empresarios Daniel Ogando Ogando y Daniel Ogando de la Sierra, padre e hijo, cuya empresa había ejecutado diferentes obras en los ayuntamientos de Cee, Fisterra y Mazaricos, objeto de la investigación.

Maneiro, que al igual que Traba y el autor de este libro goza del don de la ironía, le comentó al alcalde de Fisterra durante el viaje que compartieron en el coche policial que los conducía al Juzgado de Corcubión que no había declarado nada porque la Policía le había informado de que no tenía preguntas preparadas para él.

Ante el juez y la fiscal, los alcaldes, los tenientes de alcalde de Fisterra, y Daniel Ogando padre se acogieron a su derecho a no declarar. Quedaron todos en libertad con medidas cautelares. Al salir les esperaban una nube de periodistas de televisión, radio y prensa escrita. José Traba respondió, con una media sonrisa, a la multitud de preguntas que formularon, con un escueto e hilarante: «Hoy no es un buen día para dejar de fumar».

A mí no me llevaron a declarar ante la policía hasta última hora de la mañana. Entré en un despacho en donde me esperaba el Chispitas para tomarme declaración y donde pude saludar por primera vez a mi abogado, Antonio Platas, quien, con su habilidad habitual, le dijo al policía que sabía que, en ese momento, no podía hablar con su cliente, pero que si pudiera, le aconsejaría que no declarase, intervención que molestó y motivó la reprobación del policía. Ese hecho no hizo sino más que corroborar lo que ya tenía pensado ejecutar en mi mente tras la conversación mantenida por la mañana con el alcalde de Fisterra. Una vez realizado el procedimiento habitual, me acogí a mi derecho a no declarar. Me permitieron hablar a solas con mi abogado, quien se preocupó por mi estado de ánimo, me informó sobre la situación y me aconsejó que tampoco declarase ante el juez, dada la poca información de la que disponía al encontrarse la causa bajo secreto de sumario. Y que en cualquier caso esperaríamos a tomar la decisión en función de cómo discurriesen las comparecencias de los detenidos que se fueran esa mañana al Juzgado de 1ª Instancia e Instrucción n.º 2 de Corcubión que instruía la causa. Me informó de que no me trasladarían ese día y que lo harían al día siguiente. Por cortesía de mi «buen amigo y nunca bien ponderado», el juez Lago Louro, iba a disfrutar una noche más en el Gran Hotel de Lonzas. Me condujeron de nuevo a mi celda, que no recuerdo si estaba numerada, pero que, por la fecha de entrada, 31 de enero, bien podría ser la 311, emulando la Celda 212 de los gallegos Tosar y Zahera.

El día se me hizo largo, empezaba a ser cansino, aunque en ningún momento el ánimo decayó, hasta tuve la visita de un hijo de un primo hermano de mi madre, fallecido hace años, que trabajaba en una empresa que prestaba servicios auxiliares al centro. Las comidas, como el primer día, fueron escrupulosamente condescendientes con las minorías religiosas. Mi querida España, esta España mía, esta España nuestra, que cantaba la tristemente desaparecida Cecilia, se ha vuelto así de idiota, el legislador es cada vez más imbécil y la ley se confunde cada vez más con el papel cuché.

Dormí igual de bien y más o menos el mismo tiempo que la noche anterior, siguiendo las mismas formas higiénicas y de descompresión corporal.

Amanecí ansioso por la marcha, me trajeron el desayuno y más tarde me vinieron a buscar; me acompañaron a recoger mis objetos personales que no me entregaron en ese momento y me introdujeron en un coche policial camuflado. Fui solo en el asiento trasero. Conducía un policía alto que había actuado en la operación de Fisterra y lo acompañaba como copiloto el Chispitas, mi fiel escudero. Durante el trayecto hablaron poco entre ellos y a mí no me dirigieron palabra alguna. Mi sinceridad me obliga a decir que no las eché de menos. Disfruté de esa distancia entre el bien y el mal. El bien ocupaba el asiento trasero del vehículo. No existe nada más vil que utilizar la fuerza del estado contra la ciudadanía. A pocos kilómetros de Corcubión desviaron el coche hacia una carretera que quedó inutilizada en una mejora que se había hecho en la vía hacía unos años y lo apagaron. Hablaron por teléfono con alguien que los esperaba en el juzgado. No debía haber mucho público esperando en ese momento y, al parecer, era proclive a aclamarme y no a abuchearme. Malas caras, la función aparentaba que iba a discurrir por derroteros distintos a los objetivos planeados. El Chispitas se dirigió a mí y me preguntó sobre un asunto de la causa. Le respondí y le alteró mi respuesta; me dijo que si esas iban a ser las respuestas ante el juez lo tenía claro. Le expuse con rotundidad que al juez le contestaría lo que considerara oportuno. Ya no volví a hablar con ese señor en mi vida, ni tengo ningún interés en hacerlo. Actuó en connivencia con el juez siguiendo un procedimiento ilegal, según se desprende de la sentencia absolutoria dictada por la Sala 2.ª de la Audiencia Provincial de A Coruña.

Cuando llegamos al juzgado de Corcubión nos esperaba un numeroso grupo de ciudadanos que irrumpieron en un estruendoso aplauso cuando bajé del coche. Los policías que me custodiaron estaban anonadados, incluso abochornados; la gente se abalanzó sobre mí para abrazarme y besarme, no todos los que quisieron, pero sí los que permitió la policía, que mostraba mucho interés en introducirme en las dependencias judiciales. Nunca se borrarán de mi mente las caras de los allí presentes, aunque algunos se encuentren ahora alejados de mí.

Ya en el juzgado saludé a mi mujer, mis hermanas y cuñados y me indicaron que esperara en una sala hasta comparecer ante el juez. Me entregaron mis objetos personales, entre ellos el cinturón y la corbata, auténticas armas suicidas en un calabozo y en la vida real extramuros, supongo.

Fueron largas horas de espera durante las que pude hablar con mi abogado, conversación en la que acordamos acogerme a mi derecho a no declarar, que es lo que hicieron todos los detenidos excepto Daniel Ogando de la Sierra, al que la policía había amedrentado diciéndole que su padre podía ingresar en prisión si él no declaraba.

Aun así, me advirtió de que no me confiara al saber que el juez había liberado a todos los imputados, con cargos y medidas cautelares; pero que a mí podía enviarme a Teixeiro, pues la aversión hacia mi persona era evidente, aunque no creía que tuviera el valor de hacerlo porque no había enviado a nadie, quedando todos en libertad con cargos. De todas formas y a modo de consuelo, me informó de que en Teixeiro estaría mucho más cómodo que en Lonzas. *Tampoco resultaba tan difícil.*

Caída la tarde me informaron de que habían detenido y trasladado a Coruña al que prácticamente durante toda mi carrera política había sido mi mano derecha y que en ese momento ocupaba la tercera tenencia de alcaldía del ayuntamiento de Cee y la concejalía de obras públicas y desarrollo rural. Posteriormente, a su regreso tras dos noches en *Lonzas*, me comentó que en su desplazamiento hacia A Coruña y a su paso por Vimianzo, en el tramo de carretera donde se concentran un importante número de restaurantes parrilladas, zona denominada Las Vegas del churrasco por él, en ese momento, ministro de Justicia del gobierno del reino de España, el ceense Francisco Caamaño, probablemente copartícipe de esta historia, invitó a los policías que lo acompañaban a tomar un vino y un poco de churrasco, ofrecimiento que estos rechazaron y a lo que Juan Areas, fiel a su retranca gallega, respondió que era consciente de que estaban trabajando y que no les importaba invitarlos a agua, obviando de forma consciente su condición de detenido.

Ya era de noche cuando entré en el despacho del juez, estaba acompañado por la fiscal. Me leyó mis derechos, los cargos que se me imputaban y me preguntó si quería declarar. Le contesté que, dado el desconocimiento de la causa por el decreto de secreto de sumario, me acogía a mi derecho a no declarar. La fiscal consultaba un pequeño libro lleno de pegatinas marcapáginas de colores como si fuera un código de un estudiante de derecho, e hizo su petición: prisión provisional eludible bajo fianza de 27.000 €. Petición que el juez asumió sin hacer modificación alguna. Podría haberla rebajado, que no lo hiciera era una muestra palmaria de la malquerencia que me profesaba.

Un abogado en su alegato final en un juicio de una serie de ficción dijo que para la policía y la justicia un caso era como un túnel y cuando encontraban alguien a quien acusar seguían caminando por el mismo hasta finalizar el recorrido, pero sin abrir otras vías de investigación y sin buscar nada que pudiera contradecir su tesis inicial hasta ver la luz al final del túnel. La gran diferencia es que en este caso hay indicios de que primero se tuvo al imputado y posteriormente se buscó el delito. Primero Ramón Vigo y después el túnel. La gran diferencia es que al final no hubo luz sino una negra, negrísima oscuridad.

Como decía Groucho Marx: «Disculpen si les llamo caballeros, pero es que no los conozco muy bien».

Salí del juzgado en compañía de mi abogado y hablé con los múltiples medios de comunicación que estaban esperando mi salida. Les di las gracias por esperar tanto tiempo para poder recoger mi opinión y empecé hablando en tercera persona y les dije que el alcalde de Cee siempre se había manejado por la senda de la honradez y que así lo iba a seguir haciendo tras las elecciones del mes de mayo de 2011 si ese era el deseo de sus vecinos. Que no podía informar sobre nada más de momento, pues la causa se encontraba bajo secreto de sumario. Me despedí y me dirigí al hotel de mis hermanas y cuñados, ese espacio donde el Chispitas y sus arúspices concluían de alguna escucha telefónica, mal interpretada, que era el lugar en el que me reunía con otros imputados para delinquir. Lo natural sería pensar que en la realidad la pretensión no era otra más que la de promocionar el negocio familiar que acababa de iniciar su andadura. Allí me relajé con mi familia para posteriormente ir a dormir a nuestra casa con mi mujer.

Al día siguiente se depositó la fianza y acudí al juzgado a entregar el resguardo al secretario judicial, que me sorprendió al decirme que estuviera tranquilo, que todo aquello se iba a quedar en nada. No me explicó por qué hacía esa afirmación, ni yo se lo pregunté. Es evidente que acertó.

A continuación, me dirigí a la alcaldía, reuní a los funcionarios de oficina y habilitados nacionales y les conté todo lo que sabía y cómo habían discurrido esos dos días. El recibimiento fue afectuoso. Con posterioridad fui a tomar un café a una de las cafeterías de la plaza, me crucé con don Manuel, fallecido párroco de Cee, quien con mucha afectividad me preguntó cómo me encontraba y de qué iba el problema, comentándole que todavía no tenía respuesta para ello pero que tenía la impresión de que en la política había más Judas y Pilatos que en las sagradas escrituras. Sonrió con su mueca irónica habitual y me deseó el mejor desarrollo posible del caso. Se lo agradecí y nos despedimos.

Regresé a casa y al poco rato salimos a comer al restaurante Casa Lestón, situado en Sardiñeiro, Fisterra, y una de nuestras casas de comida de cabecera. En la salida de nuestra calle se apostaba una cámara y una periodista de la Televisión de Galicia con un micro en la mano que no se percataron de que era yo el que se iba, y eso que lo hacía en el coche más televisivo de España en aquellos momentos, mi Volkswagen Touareg, que no era tan conocido como el Coche Fantástico pero su registro había abierto los telediarios de la mayoría de televisiones el día anterior. Es curioso que en ese restaurante es donde tengo la primera referencia visual del Chispitas, pues meses antes coincidimos, mi mujer y yo, comiendo allí, casi en la mesa de al lado. Al policía lo acompañaban el juez Lago Louro y el teniente de la Guardia Civil del puesto de Corcubión, un individuo que por su complexión física podría ser la imagen de los Geiperman *de mi niñez, hoy convertidos en* Action Man. *Ambos me saludaron; me conocían uno por notoriedad y el otro por mantener alguna reunión profesional en la alcaldía. El ilustre y nunca bien ponderado policía no lo hizo; yo no lo conocía, aunque él a mí sí, o eso creía.*

Conversamos con Albertito, gerente de la casa, sobre los avatares de los días previos y regresamos a casa.

El sábado cinco de febrero teníamos programada y celebramos la cena conmemorativa del XVI aniversario de la fundación de Independientes por Cee, como era costumbre, en el restaurante Casa Valentín de Pereiriña. Siempre resultamos políticamente incómodos tanto a los partidos de derechas como de izquierdas, y todos, unos con más acritud que otros, intentaron nuestra desaparición; pero nunca pensamos que algunos llegarían a tanto, a utilizar a la policía y a la justicia para enviarnos a la cárcel.

Jamás asistieron tantas personas como ese día, vinieron incluso amigos ajenos al partido que estuvieron allí para mostrarnos su apoyo y trasladarnos el mensaje de que tenían claro que todo era un montaje con evidentes matices políticos.

Como dijo el actor Tom Hanks en su papel de Forrest Gump: *«Mamá dice que la vida es como una caja de bombones: nunca sabes lo que te va a tocar».*

Todo transcurrió con tranquilidad durante el mes de febrero y prácticamente el mes de marzo, a excepción de las intervenciones y manifestaciones de miembros de los partidos de la oposición a nivel local y también autonómico y estatal peleando cada uno en su guerra que no eran todas iguales.

Los medios de comunicación en sus diferentes expresiones, televisión, radio, prensa escrita buscaron y a veces encontraron mis decla-

raciones. De todos los imputados fui el que más veces me pronuncié y siempre de forma rotunda y contundente. Nunca me atemoricé a la hora de hacer una declaración a los periodistas, aunque el contenido de las afirmaciones o insinuaciones apuntara muy alto.

A finales de marzo se produjo una deflagración en el ayuntamiento, empezaron a llegar citaciones para declarar inicialmente ante la policía y el ambiente en las dependencias municipales se tornó frío como un témpano. A los ojos de un importante grupo de funcionarios me convertí en un delincuente de guante blanco de primer nivel. El día 29 de marzo fueron citados a declarar en la Comisaría de Lonzas en A Coruña la interventora municipal, la tesorera municipal, el técnico de empleo y el aparejador del ayuntamiento, en calidad de testigos, y al día siguiente, y en calidad de imputados no detenidos, la jefa de gabinete de la alcaldía, la secretaria municipal, una jefa de negociado de la oficina general del ayuntamiento, un policía local, el arquitecto redactor del proyecto de la casa de la cultura y los empresarios Francisco Casal Méndez y Yoni Tuñas Nieto (seguramente el nombre de este último no ayudó a restar enjundia policial al asunto).

Emocionalmente esta parte de la historia nos afectó a todos, a unos más y a otros menos; pero acostumbrados a trabajar en un ambiente cálido y familiar, pasar a hacerlo en un escenario hostil no resultó agradable.

Incluso afectó al ámbito familiar; mi madre, que falleció en enero de dos mil dieciséis, sin llegar a ver el resultado final del proceso, se movió más por su instinto maternal que por su inteligencia, de la que disponía y de forma notable, y fue a hablar con la interventora, sin que yo lo supiese; pues era consciente de que no permitiría ese tipo de intercesión, ya que la consideraba innecesaria y que sería, además, infructuosa, como así resultó. Movida por un afecto, que pensaba mutuo a raíz de haberle hecho el seguimiento de sus embarazos, se presentó en su despacho y recibió como respuesta que no sabía quién era su hijo y que había robado cientos de millones en el ayuntamiento.

Cuando me enteré de la existencia de esa conversación, en primer lugar entré en cólera porque nunca quise que nadie hiciera a mis espaldas acciones cuyo objetivo fuese la búsqueda de una intercesión favorable a mi persona, y en segundo lugar me sentí triste al comprobar que una persona licenciada en derecho con plaza de habilitado nacional como interventora en el ayuntamiento de Cee pudo haber sido manipulada mentalmente, sugestionada, por un policía que no alcanzaba mínimos de mediocridad profesional e intelectual para hacerla creer que yo pudiera haber robado esa cantidad de millones de euros en una administración de la categoría de la nuestra, en la que era imposible generar ese quebranto económico. Además, comprobé que todas mis arengas, pronunciadas a lo largo del tiempo remarcando que la condición de funcionarios públicos les obligaba a servir a los ciudadanos que son los que mantienen la administración y que debían intentar buscar la forma legal, hasta el límite, para cubrir y garantizar sus necesidades, cayeron en saco roto. Un empleado público no puede trabajar con el preservativo puesto, teniendo como primordial objetivo el mantenimiento de su puesto de trabajo por encima de buscar soluciones a los problemas de la ciudadanía.

Llevo años proclamando que la administración local es la asignatura pendiente de la democracia española. Los ayuntamientos no tienen autonomía financiera y se actúa como parásitos de otras administraciones o buscando las dádivas de un gobierno amigo. A eso no se pueden unir unos políticos locales y unos funcionarios que no contribuyan a tirar del carro.

SEGUNDA PARTE

PESCA DE ARRASTRE

III

La pesca de arrastre es un arte de captura muy poco selectivo que barre con una especie de red toda la fauna que encuentra a su paso por el fondo marino. Se considera uno de los métodos más agresivos para extraer peces del fondo.

Esta técnica llevada al mundo jurídico y policial es lo que se conoce como una investigación prospectiva, que consiste en dar por supuesta la culpabilidad de los investigados. Fue la que se utilizó para poner en marcha la Operación Orquesta, diseñada para apartarme de la política o tenerme con las manos atadas si aceptaba encabezar la candidatura del Partido Socialista en las elecciones municipales de mayo de 2011, tal y como se me ofreció con insistencia por altos cargos del PSOE, empezando por el en aquella hora Ministro de Justicia, el ceense Francisco Caamaño. El Partido Socialista y el Partido Popular manejaban diferentes encuestas que me posicionaban al borde de la mayoría absoluta en las siguientes elecciones municipales y ambos me ofrecieron encabezar sus candidaturas a esas elecciones. Hay que señalar que el PP se limitó a trasladarme su invitación en una comida en el restaurante El Almacén de Santiago de Compostela, en la que participaron el Presidente Local de Cee, Antonio Domínguez y el Presidente Provincial de A

Coruña, Carlos Negreira. Creo que entendieron las razones para mi negativa y no me volvieron a molestar. Como curiosidad relacionada, en enero de 2011, días previos a la intervención policial, en la feria internacional de turismo en Madrid, FITUR, acudió a visitar el stand de la Asociación Neria Costa da Morte, que yo presidía, el Presidente de la Xunta de Galicia Alberto Núñez Feijoo, actual Presidente nacional del PP. Cuando me dirigía a recibirlo y saludarlo, un militante de PP del ayuntamiento de Vimianzo le dijo que yo tenía que ser el candidato en Cee, a lo que Feijoo respondió, poniendo su dedo índice con fuerza en mi pecho: «Sí, ya, pero él no quiere».

Por el contrario, el Partido Socialista continuó insistiendo hasta que a finales de agosto de 2010 mantuve una reunión en la cafetería del desaparecido Hotel El Hórreo de Corcubión con el Ministro Fran Caamaño, al que volví a reiterar mi negativa. En el local solo estábamos el Ministro, su escolta, el camarero y yo.

Previamente, el Presidente de la Diputación de A Coruña, Salvador Fernández Moreda, la última gran figura del PSOE en Galicia, me convocó a una reunión en su despacho oficial. En esa reunión me invitó a encabezar la candidatura de su partido en Cee, alegó que había trabajado muy bien y mantenido una gran colaboración entre las instituciones que ambos presidíamos. Todo ello era cierto, conservo gran estima por Salvador, quien contribuyó, y mucho, al desarrollo de Cee, en particular, y de la Costa da Morte en general. Nadie en el PSOE podía ejercer mayor influencia sobre mí para que tomara una decisión de esa naturaleza. Le expuse los mismos motivos que al PP para rechazar su oferta, pero en este caso con gran dolor de corazón por el afecto que le profesaba y profeso y por la clara influencia positiva que tuvo en el éxito de mi gestión.

Me comentó que con anterioridad convocó a Manuel Lamela Lestón, segundo teniente alcalde del gobierno de coalición que iniciamos en el Ayuntamiento de Cee, en junio de 2007. Era, así *mismo, concejal delegado de urbanismo, infraestructuras urbanas y servicios y el máximo referente del PSOE de Cee, donde fue concejal 32 años, 14 de los cuales fue Alcalde.*

*En esa reunión Fernández Moreda le expuso que me iba a ofrecer encabezar la candidatura de su partido en **Cee**, a lo que Lamela respondió que eso era una locura; seguramente le bailaría el labio inferior, que es uno de los signos que muestra cuando se encuentra tenso o nervioso. Le contestó que eso no podía ser, que había unos dosieres contra mí que me implicaban en hechos delictivos. Resulta sorprendente y de difícil entendimiento que Lamela supiese que había una investigación sobre mi persona cuando esta se encontraba bajo secreto de sumario. Según me comentó Moreda, este le respondió que si disponía de información que demostrara que era un corrupto, debía denunciarlo en el juzgado. Lo que desconocía el presidente de la Diputación era que esa investigación llevaba casi un año en marcha, a raíz de las diligencias previas 536/09 incoadas el 3 de agosto de 2009 para investigar unos presuntos hechos delictivos contra la salud pública por tráfico de drogas. Entre los investigados se encontraba Jorge Luis López Lago, quien durante muchos años fue el agente artístico con el que la comisión de fiestas y el ayuntamiento de **Cee** contrató los espectáculos que actuaban en las fiestas patronales en honor a la Virgen de la Xunqueira. En esa misma fecha se acordó la medida de intervención telefónica con el objeto de identificar a todos los posibles responsables y conocer dónde se guardaba la droga. Esta operación la llevaban agentes de la UDYCO, Unidad de Delincuencia y Crimen Organizado, de la Jefatura Superior de la Policía de Galicia, quienes solicitaron prórroga de las intervenciones telefónicas el 19 de noviembre de 2009 e informe/oficio relativo a unas conversaciones de Jorge López Lago con terceras personas que podrían ser constitutivas de delitos de malversación de caudales públicos, falsificación documental y contra la Hacienda Pública, que no guardaban relación con el* *delito de tráfico de drogas investigado en las diligencias 536/2009. Como no existe conexidad entre los delitos, debían requerir a la Unidad de Delitos Económicos de la policía para que investigara la gravedad de los mismos, en el marco de unas nuevas diligencias.*

En el auto de fecha 19 de noviembre, el juez autorizó la ampliación del objeto de intervención del teléfono de Jorge López Lago a las conversaciones que pudiera mantener con otros individuos implicados en los nuevos delitos descubiertos, con la obligación de incorporar esas conversaciones a la nueva causa que se tendría que incoar para la investigación de esos hechos delictivos.

El 3 de diciembre de 2009 se incoan las Diligencias Previas 1001/2009, tras la recepción del testimonio de particulares, en el que se decidió dar cumplimiento de lo ya acordado en el auto de 19 de noviembre de 2009, librando oficio a la Unidad Especial de Delitos Económicos de la policía de A Coruña para que investigara la información recabada en el marco de las diligencias que dieron lugar al mismo. Tras una dilatada investigación de quince días, el 18 de diciembre de 2009 la UDEF solicitó al juzgado la intervención de mi teléfono. El 23 de diciembre el juzgado instructor autorizó la citada intervención, pero no hizo ninguna referencia a la autorización de las conversaciones de Jorge López Lago, que se autorizaron en el auto de 19 de noviembre de 2009 en el ámbito de otras diligencias. Curiosamente, en fecha 26 de enero de 2010 se autorizó la prórroga de mi intervención; se acordó en los fundamentos de derecho, pero no en su parte dispositiva la prórroga de la intervención telefónica de Jorge López, acuerdo que se había tomado en las Diligencias Previas 536/2009 y no en las que eran objeto de esta investigación, las 1001/2009. Todo este procedimiento era contrario a derecho y dio lugar, en su día, a la nulidad de las intervenciones telefónicas realizadas en esta ópera bufa.

No es necesario ser un avezado letrado para constatar que con este acto se produjo una presunta prevaricación del juez Lago

Louro, quien actualmente luce unas elegantes porretas como magistrado en los juzgados de Santiago de Compostela, a donde fue promocionado tras acceder a la magistratura en 2004, y tras dejar mal instruida la causa de las diligencias previas 1001/2009, conocidas como caso Orquesta. Participó como magistrado del Juzgado de Primera Instancia e Instrucción n.º 3 de Santiago de Compostela dirigiendo las diligencias previas por el accidente del tren Alvia, en Angrois, *actuación para la que pidió prórroga, con el objetivo de finalizarlas, tras acceder, por concurso, al Juzgado de Primera Instancia n.º 5 de Santiago. De todos es conocido que la máxima responsabilidad de esa vía correspondía al Ministerio de Fomento que dirigía el gallego* Pepiño Blanco, quien no está encausado en ese proceso. La justicia se conformó con poner a los pies de los caballos al maquinista y a un técnico de Adif, piezas de caza menor que alejarán la culpabilidad de la alta política. E incluso dejar como cabeza de turco al maquinista del tren. Ahora está a la espera de sentencia. Lo siento por las víctimas y familiares, entre los que se encuentra un compañero de carrera que perdió a una hija en esa catástrofe, no estuvieron en las mejores manos para que la dama de la justicia ejecute con virtud su dignísima autoridad. Su señoría Andrés Lago Louro no parecía la persona más adecuada para esa instrucción, por sus antecedentes profesionales y sus presumibles querencias ideológicas.

IV

El juez y la policía siguieron el mismo modus operandi en casi todos los ayuntamientos afectados; así, intervinieron el de **Mazaricos** y detuvieron a su alcalde, José Manuel Santos Maneiro, e imputaron al primer teniente alcalde; la secretaria municipal, Ana María Reyes Cambre; el arquitecto municipal, Orlando González Villarino; el conserje, Benito Martínez, quien sería detenido el día que llevaron a declarar ante el juez a su alcalde, y los empresarios Yoni Tuñas Nieto y Lino Tuñas Garabal.

La ejecución en el ayuntamiento de Fisterra no varió con respecto a las anteriores: registros en los despachos y oficinas municipales, detención del alcalde José Manuel Traba; del primer teniente alcalde, Santiago Insua Esmorís—Recamán, y del concejal Ramón Redonda, así como la imputación del secretario José Manuel Lema Fuentes y del arquitecto Manuel Carro López.

Cuestión curiosa y no desdeñable fue que en el mes de septiembre de 2011 se imputó al alcalde de Corcubión por diversos presuntos delitos contra la administración pública. Francisco Lema Fuentes, Chisco, ya era alcalde cuando se desencadenó la operación, hecho que reconoció el propio juez Lago Louro en los medios de comunicación, en los que afirmó que los indicios contra Chisco habían surgido en una fase más avanzada de la investigación, cuando las escuchas ya casi habían terminado. Lo que no dice es que de los cuatro alcaldes imputados era el único que pertenecía al partido socialista, lo cual puede llevar a la conclusión de que se hurtó al electorado corcubionés que su alcalde y candidato socialista era otro músico de la orquesta. Digo esto desde el profundo respeto personal, profesional y político que siento por él y por su familia, especialmente por su hermano Carlos, compañero de profesión y amigo. Pero esa sospecha que orienta hacia miembros del PSOE como inductores de esta causa se ve reforzada por este hecho que describo. A la vez que resalto que fuimos los únicos alcaldes absueltos por la justicia, él en una sala de lo penal de los juzgados de A Coruña y yo en la Sala 2.ª de la Audiencia Provincial también de A Coruña; a los otros regidores les fueron archivadas las causas.

En el ayuntamiento de Fisterra las autoridades citadas, el secretario municipal y Daniel Ogando, padre e hijo, fueron imputados por una presunta adjudicación ilegal de obras que se mezcló con un presunto delito de tráfico de influencias por solicitar a la por aquel entonces Conselleira de *Traballo* e *Benestar* de la Xunta de Galicia, Beatriz Mato, que intercediera para que se contratara en el geriátrico de Vimianzo a una familiar de los constructores. Independientemente de la realidad o falsedad de esta acusación, resulta significativo destacar que ese centro sociosanitario es de gestión privada y era la empresa concesionaria la responsable de la contratación y no la *Consellería* anteriormente referida.

También se cuestionó la forma de contratación de diversas obras municipales, el saneamiento de Sardiñeiro, *y la renovación del césped artificial del campo de fútbol de* Ara Solis, *la reparación del polideportivo de* Sardiñeiro *y pavimentaciones de diferentes calles.* La policía, quien durante todo el proceso mostró un desconocimiento profundo del derecho administrativo, afirmó que se produjeron presuntas ilegalidades al utilizar como procedimiento de contratación el negociado sin publicidad, procedimiento absolutamente legal para la adjudicación de esas obras. **Posteriormente y en base a escuchas telefónicas, la policía apuntó a presuntos sobornos para que se produjeran esas adjudicaciones. Debo resaltar que la intervención telefónica fue prácticamente el único medio de investigación utilizado en toda la causa por mi enemigo íntimo, el** Chispítas **y su tropa. La imputación inicial fue por presuntos delitos contra la administración pública en sus modalidades de tráfico de influencias, prevaricación y soborno, y en el caso del arquitecto Carro, la de negociaciones y actividades prohibidas a funcionarios públicos, cargo que no ostentaba por tener un contrato de servicios con ese ayuntamiento.**

En el ayuntamiento de Mazaricos la policía y, posteriormente, el juez imputaron a políticos, funcionarios y empresas por amañar los procedimientos administrativos preceptivos para la adjudicación de obras con el objetivo de financiar la fiesta de A **Fervenza**, bien inflando el importe de las obras o recibiendo dinero en efectivo.

En este ayuntamiento las obras cuya adjudicación se cuestionó fueron la del cambio del césped artificial de Pino do Val, la adecuación de la plaza de A Picota y la de la guardería infantil.

Estas presuntas adjudicaciones irregulares supusieron para los afectados anteriormente relacionados la imputación de presuntos delitos contra la administración pública en sus modalidades de tráfico de influencias, prevaricación y soborno.

La imputación del alcalde de Corcubión es un ejemplo de la frase coloquial «tarde, mal y arrastro». Llegó, probablemente de forma interesada, a destiempo, y con seguridad con su desconocimiento previo. La causó el acuerdo previo a una

adjudicación de obra a través del cual la empresa Ogando se comprometía al mantenimiento gratuito de unos jardines. Según mi modesto entender, y muy alejado de la ilustración jurídica y la falta de bondad de la actual alcaldesa de Cee, me parece una actuación digna de ser plasmada por Dalí en uno de sus cuadros. Surrealismo puro y duro. Sin hielo.

El juez, menudo juez, vio también indicios de delito en la adjudicación de las obras del Campo del Rollo. Por todo ello lo imputó por delitos de tráfico de influencias, prevaricación y soborno. Como podemos observar, el Triple Seco del juez Lago para dar ritmo a la Orquesta.

Estas imputaciones, en lo que posteriormente será caso Corcubión, fueron extensibles a Daniel Ogando Ogando y a Daniel Ogando de la Sierra.

El 14 de abril, día de la República, se supo a través de los medios de comunicación que un funcionario del juzgado de Corcubión que durante el año 2009 prestó sus servicios en el juzgado de paz de Muxía, estaba también imputado en tan festiva operación. Carlos Rey Paz, impulsor de diversas actividades culturales de Corcubión, entre las que siempre destacó la Feria Medieval, cayó en la trampa telefónica del Chispítas, autorizada por su señoría Lago Louro, de forma contraria a derecho, según sentencia firme de la Sala 2ª de la Audiencia Provincial de A Coruña. A Carlos Rey lo acusaban de tráfico de influencias, cohecho, fraude y falsificación por haber obtenido subvenciones públicas para la financiación de la feria, en connivencia con una técnica de la Consellería de Cultura de la Xunta de Galicia que gobernaba el PP. Andrés, que te veo, Andrés.

La declaración del exalcalde de Muxía, Félix Porto, quien junto a Pichurri, exalcalde de Camariñas, supo poner siempre a las personas por delante de la política de su partido, el PSOE, e incluso de ellos mismos, afirmó que había sido él quien ordenara a Rey Paz procurar una contratación musical para fin de año, arruinó el imaginario de tan sagaces investigadores e instructor judicial, que se vio abocado a dejarlo fuera de la investigación. En la pesca de arrastre todo vale, aunque sea un salmonete, y más si se trata del juez Lago Louro, natural de Muros, puerto pesquero, e hijo de navegante y que posiblemente tenga algún conocimiento por mínimo que sea de este honrado y arriesgado mundo.

La imputación de Carlos Rey coincidió con la del arquitecto de la empresa OGANDO, Ángel Rodríguez López de la Llave, por su relación técnica con las obras cuestionadas.

El 11 de abril de 2013 el juez Andrés Lago Louro, 2 años y 70 días después de emitir el auto de detención de cuatro cargos públicos y tres empresarios de la Costa da Morte y de visibilizar la conocida Operación Orquesta, dictó el auto que concluyó la instrucción de las diligencias previas 1001/2009, con el especial interés que tenía de dejar este trabajo finalizado, paralelo a la ansiedad por estrenar las porretas de magistrado que le esperaban en una sala del contencioso en Santiago de Compostela.

Para ello se basó en los siguientes HECHOS:

ÚNICO.— Las presentes diligencias se incoaron en virtud del testimonio de actuaciones derivadas de las Diligencias que en este mismo Juzgado (Instrucción N.º 2 de Corcubión) se siguen bajo el número 536/09 en averiguación de hechos presuntamente constitutivos de un delito contra la salud pública. Tal y como ya se dice en el fundamento jurídico quinto del Auto de fecha 19 de noviembre de 2009 dictado en las previas 536/09 antes aludidas, entre los sujetos allí investigados figura el señor Jorge López Lago y de las conversaciones telefónicas intervenidas a este en aquellas diligencias se detectan unas, mantenidas los días 7/10/09, 12/11/09 y 13/11/09, con el usuario del número 637867070 que se identifica como «Ramón», y de las cuales se infieren evidentes indicios de la posible perpetración de un delito de falsedad documental, contra la administración pública en sus modalidades de prevaricación, tráfico de influencias, cohecho y malversación de caudales públicos; delitos todos ellos, que por no guardar relación alguna con los investigados en el marco de las previas 536/09, motivaron que, en virtud del auto antes referido, se acordara la deducción de testimonio y la incoación de las presentes Diligencias Previas 1001/09 en el marco de las cuales se han venido investigando esos hechos nuevos, presuntamente delictivos.

Tras la práctica de aquellas diligencias que se estimaron pertinentes y necesarias para determinar la naturaleza y circunstancias de los hechos, de las personas que en ellos tuvieron participación, así como del órgano pertinente para el enjuiciamiento, con fecha 2 de enero de 2013 se dictó Providencia acordando, entre otras diligencias, remitir la causa al Ministerio Fiscal para que informara si, a la vista del estado de la presente instrucción, estimaba o no necesaria la práctica de alguna diligencia antes de dictar Auto incoando Procedimiento Abreviado, remitiendo a tal efecto, dado el volumen de la presente causa y el hecho de que no hubiere más diligencias urgentes que practicar, los originales debidamente foliados, los cuales tuvieron entrada en Fiscalía el pasado 15 de enero de 2013.

En fecha 5 de marzo de 2013 tuvieron de nuevo entrada los Autos originales junto con el informe del Ministerio Fiscal según el cual no se opone a la transformación en Procedimiento Abreviado sin perjuicio de la práctica de diligencias complementarias, si fueren precisas para una más correcta calificación jurídica de los hechos. Por diligencia

de fecha 10 de abril de 2013 se acordó la unión a la causa de los escritos presentados en ese ínterin, quedando todos ellos sobre la mesa para resolver.

Y en los siguientes RAZONAMIENTOS JURÍDICOS:

PRIMERO.— Según lo previsto en la Ley de Enjuiciamiento Criminal, artículo 779, apartado 1.º: «Practicadas sin demora las diligencias pertinentes, el Juez adoptará mediante Auto alguna de las siguientes resoluciones: 4.ª Si el hecho constituyera delito comprendido en el artículo 757 seguirá el procedimiento ordenado en el Capítulo siguiente. Esta decisión, que contendrá la determinación de los hechos punibles y la identificación de la persona a la que se le imputan, no podrá adoptarse sin haber tomado a aquella en los términos previstos en el artículo 775...»

Pues bien, visto el estado de la presente causa, ciertamente voluminosa y compleja, estimo que, a vista de las diligencias practicadas, procede ya concluir la fase de investigación e impulsar el procedimiento mediante la incoación de Procedimiento Abreviado tal y como solicita el Ministerio Fiscal. En todo caso conviene recordar que, pese a la complejidad técnica de la causa, el cometido de la presente resolución no es otro que el de describir una serie de hechos presuntamente delictivos y los indicios de responsabilidad penal que permiten imputar tales hechos a personas determinadas. No es otro su fin, pues, en última instancia, la definitiva determinación de lo que ha de ser objeto de enjuiciamiento ha de venir marcado por los escritos de acusación y defensa.

SEGUNDO.— Partiendo de tales premisas, lo primero que ha de decirse es que buena parte del objeto del presente auto ha quedado cumplimentado con el auto de fecha 31 de enero de 2011 en cuya virtud se acordó la entrada y registro en varias dependencias y locales. Ya en ese auto, y en el informe policial que lo precede (Informe n.º 60.105/2011), se realiza una exhaustiva descripción de tales hechos y de los indicios de responsabilidad penal hasta entonces recabados. No obstante, aquel auto se dictó en una primera fase de la investigación cuando lo que existía era el resultado de una serie de intervenciones telefónicas. Posteriormente, a resultas de los registros efectuados, del análisis de la documentación incautada y de las declaraciones practicadas, tales indicios iniciales han venido a corroborarse. [...]

En atención a lo expuesto,

PARTE DISPOSITIVA

DON ANDRÉS LAGO LOURO, MAGISTRADO—JUEZ titular del JUZGADO DE PRIMERA INSTANCIA E INSTRUCCIÓN N.º 2 DE CORCUBIÓN, ACUERDA la continuación de las presentes diligencias previas por los trámites del Procedimiento Abreviado, por los siguientes hechos presuntamente delictivos y respecto de los siguientes responsables:

1.º— Como autores o, en su caso, cooperadores necesarios en un presunto delito contra la Administración Pública, en sus modalidades de tráfico de influencias, prevaricación y cohecho, según se expone en los fundamentos jurídicos de la presente resolución: Daniel Ogando Ogando, Daniel Ogando de la Sierra, Jorge López Lago, Ramón Ramiro Vigo Sambade, José Manuel Traba Fernández, José Manuel Santos Maneiro, Francisco Javier Lema Fuentes, Rocío Hermida Cancela, Ana M.ª Reyes Cambre, José Ramón Lema Fuentes, Juan Bautista Areas Lestón, Santiago Insua Esmorís—Recamán, Ramón Redonda González, Manuel Rodríguez Caamaño, Benito—Aurelio Martínez Carreira, Gonzalo Castelo Montero, María Pilar Iglesias Lema, María Concepción Outes Trillo, José Carlos Leis Caruncho, Miguel Ángel Rodríguez López de la Llave, Orlando González Villarino,

Manuel Carro López, Yoni Tuñas Nieto, Lino Tuñas Garabal, Francisco Casal Méndez y Francisco José Casal Mouzo.

2.º— Como autor o, en su caso, cooperador necesario, en un presunto delito contra la Administración Pública, en su modalidad de malversación de caudales públicos, según se expone en los fundamentos jurídicos de la presente resolución: Ramón Ramiro Vigo Sambade y María Pilar Iglesias Lema.

3.º— Como autor o, en su caso, colaborador necesario en un presunto delito contra la Administración Pública en su modalidad de negociaciones y actividades prohibidas a los funcionarios públicos, según se expone en los fundamentos jurídicos de la presente resolución: José Carlos Leis Caruncho, Miguel Ángel Rodríguez López de la Llave, Orlando González Villarino y Manuel Carro López.

4.º— Como autor o, en su caso, cooperador necesario en un delito de falsedad documental en su modalidad de falsificación de documentos públicos, oficiales y mercantiles, según se expone en los fundamentos jurídicos de presente resolución: Ramón Ramiro Vigo Sambade y Jorge López Lago.

A cuyo efecto, dese traslado al Ministerio Fiscal y, en su caso, a las acusaciones particulares personadas, a fin de que, en el plazo común de diez días, formulen escrito de acusación, solicitando la apertura de juicio oral en la forma prescrita por la ley o bien el sobreseimiento de la causa, sin perjuicio de que excepcionalmente puedan solicitar la práctica de diligencias complementarias que se consideren imprescindibles para formular la acusación.

Se acuerda el sobreseimiento libre y archivo de las presentes diligencias respecto de los hechos imputados de Carlos Rey Paz.

Líbrense los testimonios de actuaciones oportunas para la formación de las piezas separadas acordadas en los fundamentos jurídicos de la presente resolución, para la investi-

gación de hechos nuevos de apariencia delictiva a los que se alude en dichos fundamentos.

Notifíquese la presente resolución al Ministerio Fiscal y a las demás partes, haciéndoles saber que contra la misma podrán interponer, ante este juzgado, recurso de reforma en el plazo de tres días, y/o recurso de apelación en el plazo de cinco días.

Así por este mi auto, lo pronuncio, mando y firmo.

Tras este auto de continuación de las diligencias previas por la forma de Procedimiento Abreviado se puso fin a la pesca de arrastre en la que presuntamente ejerció como patrón mayor Lago Louro y como tripulantes, significados socialistas de la Costa da Morte y otros lares.

TERCERA PARTE

LA DAMA DE LOS

OJOS VENDADOS

V

Algún medio de comunicación se refirió en titulares a Lago Louro como la batuta de la orquesta, al afirmar que su ascenso, en comisión de servicios como magistrado a la Sala del Contencioso—Administrativo n.º 2 de Santiago de Compostela, dejó a la Operación Orquesta sin su director. Curiosa forma de referirse al juez instructor de la causa cuando eran muchas las voces que en público o en privado se referían a él como el brazo ejecutor de intereses espurios en el origen de esta operación. Cuando lo leí me pregunté si le traicionaría el subconsciente al redactor del medio de comunicación «Que Pasa na Costa» al escribir esa crónica. Posteriormente pasó al juzgado de lo penal n.º 1 de la capital gallega donde, como ya apunté, instruyó el caso Alvia sobre el accidente de Angrois. En la actualidad es el magistrado—juez del juzgado de instrucción n.º 5 de Santiago y juez decano de los jueces de la capital gallega.

Apuró al máximo el tiempo su señoría para rematar el auto de Procedimiento Abreviado que remitió a la Audiencia Provincial inmediatamente después de dejarnos huérfanos de su sabiduría jurídica y ascender a la tierra prometida de la toga con porretas en una sala de justicia de ciudad, tal y como se merece un muradán que se precie. Un auto que durante 2 años y 2 meses resumió en 40 folios más de 10.000 de diligencias y que imputó a 26 políticos, funcionarios y empresarios del territorio del fin de la tierra.

A partir de ahí comenzó un nuevo tiempo en el que, aunque lentamente, apareció la dama de ojos vendados, con su balanza y su espada para tomar decisiones bajo el prisma de la imparcialidad y la igualdad y ajena a influencias políticas o de fama, ajena a una justicia *ad hominem*.

El testigo de Lago Louro lo recogió el joven juez Gonzalo Sanz Besada quien juró su cargo como juez el día 13 de abril de 2013 en el Tribunal Superior de Justicia de Galicia. Uno de los asuntos pendientes que se encontró encima de la mesa fue la resolución de los recursos presentados por algunos de los imputados en la voluminosa causa de la Operación Orquesta. La decisión tomada siguió el modelo Pilatos, y rechazó los recursos para lo que alegó insuficiencia de pruebas, confirmó el auto de Lago Louro y lo remitió a la Audiencia Provincial de A Coruña para que la Fiscalía redactase y remitiese escrito de acusación. No resultó extraña ni tan siquiera cuestionable esta decisión. En aquel momento era un juez recién salido del cascarón que tuvo que hacer frente a un caso complejo con un inmenso sumario y la virginidad de un neófito. Este hecho y actuaciones posteriores me indujeron a que estrenara esta parte del libro con tan excelso título.

Más resolutivo fue con la pieza separada que el juez promotor de esta ópera bufa dejó indicada y que hacía referencia a un asunto que no tenía relación con el cuerpo principal de la causa y que estaba relacionada con un error cometido por la entidad ceense del banco BBVA, que cobró al ayuntamiento dos mensualidades de la pensión de alimentos que transfería a mis hijos tras mi divorcio. Yo era titular de una cuenta privada en esa entidad y también lo era de una del ayuntamiento y eso fue lo que propició la confusión. En la tesorería municipal fueron conscientes de este error veinte o treinta días después. La tesorera se puso en contacto con el banco y resolvió el asunto sin hacerme a mí ningún comentario al respecto. Cuatro meses más tarde volvió a reproducirse el error. Ahí la tesorera fue más contundente y amenazó a la dirección de la sucursal con cancelar la cuenta si se volvía a producir esa circunstancia, e informar al alcalde, es decir a mí. La verdad es que yo siempre fui ajeno al asunto y me enteré del mismo cuando leí el sumario del caso.

El juez Gonzalo Sanz abrió Diligencias Previas Procedimiento Abreviado 217/2014 por un presunto delito de malversación de caudales públicos y me citó a declarar en calidad de imputado, el día 1 de septiembre de 2014. A raíz de mi declaración coincidente con lo relatado con anterioridad, citó a declarar a la tesorera quien con sus afirmaciones arrojó plena claridad sobre este asunto. Puso de manifiesto que en esa cuenta teníamos clave, el alcalde, la interventora y ella misma, que para hacer cualquier movimiento se necesitaban dos claveros y que además yo era desconocedor de mis claves y que por tanto era imposible que hiciese ningún tipo de movimiento en esa cuenta y que fue el banco quien actuó de manera improcedente.

Esta imputación y el procedimiento abreviado al que da lugar desde el tronco principal de la Operación Orquesta se habrían podido evitar si la policía y el primer juez instructor se preocuparan más por investigar que por generar un tufo de alta delincuencia sobre los ciudadanos que nos vimos injustamente inmersos en este cruel, engorroso y bochornoso proceso judicial.

Así, el juez Sanz Besada no se vería obligado a abrir un nuevo procedimiento que condujo inexorablemente a su archivo.

Fue esta mi primera victoria en la Orquesta, donde algunos quisieron acabar con la honradez, la imagen pública y la carrera política de Ramón Vigo, que era mucho más sólida de lo que algunos sinvergüenzas se creían. De paso, y siguiendo la teoría de que todo lo que va para el cesto es pescado, estropearon, a su vez, la vida de veinticinco personas más. Pero con este archivo empezó el principio del fin de los malvados para los que no habrá paz, porque la justicia divina existe, aunque yo viva al borde del agnosticismo. Sufrirán más que los pieles rojas en las películas de *Errol Flynn* cuando interpretó al general Custer.

En el Auto 629/2014 del 19 de septiembre de 2014, la Sección n.º 2 de la Audiencia Provincial de A Coruña refirió que el juez instructor, por autos de fechas 1 y 7 de octubre de 2013, desestimó los recursos de reforma y de apelación contra el auto de fecha 11 de abril de 2013, este último emitido por el juez Lago Louro y los otros por el juez Sans Besada, que acordaba continuar la causa por los trámites del procedimiento abreviado.

La sala acordó estimar parcialmente los recursos de apelación formulados por las defensas de algunos recurrentes porque existió una falta de motivación que lo era con relación a los indicios de diversos imputados, con falta de concreción de indicios con relación a los hechos que se imputaron a determinadas personas de los supuestos delitos en los ayuntamientos afectados. Además de la ausencia de conexidad entre los presuntos delitos cometidos en diferentes ayuntamientos que debió dar lugar a la separación del procedimiento en tantas piezas como ayuntamientos a los que se refería la causa, en concreto Cee, Fisterra, Mazaricos y Corcubión, y declarar la nulidad del auto de procedimiento abreviado para que desde el momento anterior se abrieran piezas separadas, quedando el procedimiento principal con relación al ayuntamiento de Cee por ser los primeros hechos por los que se realizó la investigación; y después se dictarán en las piezas que se abrirán con los testimonios oportunos, y procedimiento principal la resolución oportuna con debida concreción con relación a los hechos que refieran a la actuación en el ámbito concreto de cada ayuntamiento e imputados que se engloben en cada uno de ellos, y así mismo se haga con absoluta observancia del derecho fundamental al juez ordinario predeterminado por la ley. El caso Mazaricos tuvo que ser remitido al juzgado de Muros por ser esa la jurisdicción que correspondía a ese ayuntamiento.

En el mes de octubre de 2014 se pronuncia la sala de lo Civil y Penal del Tribunal Superior de Galicia, en la que interviene que interviene por ser una de las personas afectadas aforada, la conselleira de Traballo e Benestar, Beatriz Mato, en la otra pieza separada, propuesta para que se investigase con posterioridad al auto de procedimiento abreviado dictado por Lago Louro.

No fueron admitidas a trámite las diligencias del Juzgado de 1.ª Instancia e Instrucción n.º 2 de Corcubión contra Beatriz Mato y dos personas dentro de la Operación Orquesta, quedaron así archivadas, tal y como solicitaba la fiscalía, porque la exposición razonada y la documentación recibida en el TSXG no contenían dato alguno indiciario que hicieran sospechar que la conselleira aforada hubiera podido incurrir en un hipotético delito de tráfico de influencias ni en cualquier otro. No existía dato alguno que permitiera inferir, ni siquiera indiciariamente, que hubiera gestión alguna para favorecer la colocación de ninguna persona. Además, la empresa privada gestora del geriátrico realizó un amplio proceso selectivo con suficiente publicidad.

Estamos ante el segundo fracaso instructor del juez Lago en la Operación Orquesta, que se suma al asunto de la dinamita de Camariñas y a la desaparición de nuestro apreciado Crisanto, que tanto me recuerda, aunque con mucho menor nivel intelectual, al juez que veía amanecer en la ría de Arousa, hoy apartado de la carrera judicial por una sentencia del Tribunal Supremo por prevaricación. Esta sería una buena respuesta a mi amigo, arquitecto imputado y absuelto en este proceso, José Carlos Leis Caruncho, cuando se preguntaba en un artículo de prensa: «¿Y los jueces?». Tras afirmar que ningún colectivo disfruta de privilegios corporativos que no son tolerables en pleno siglo XXI, y todo profesional que en el ejercicio de sus funciones comete un error que perjudica gravemente a terceras personas inocentes, se sienta en un banquillo de la jurisdicción penal sin ningún tipo de aforamiento.

VI

La tercera jueza instructora del Caso Orquesta fue la encargada de descuartizar la presunta trama, que no era tal, y que solo estuvo en la perversa imaginación del Chispitas y de su señoría Andrés Lago, egregia figura de Muros, por orden de la Sala 2.ª de la Audiencia Provincial de A Coruña. Fue la encargada de dictar el nuevo auto de procedimiento abreviado de la causa, toda vez que la Audiencia Provincial tumbara el dictado por Andrés Lago Louro, toda vez que el segundo juez encargado del proceso, Gonzalo Sans, tras casi dos años en el cargo, cambió de destino.

La titular del Juzgado de Primera Instancia e Instrucción n.º 2 de Corcubión, Ana María Souto González, cumplió con el mandato, casi un año después de que se dictó el auto de la Audiencia. La verdad que esa dilación solo preocupaba a nuestros enemigos, a los políticos de fuerzas contrarias y a la prensa, ansiosa de corroborar todas las patrañas que divulgaron en medios escritos y audiovisuales, inconscientes de su falta de credibilidad. A ellos les dediqué la cuarta parte de este libro porque sin ellos esta tragicomedia perdería un porcentaje elevado de su fuerza e hilaridad.

A mediados de diciembre de 2016, la jueza Ana María Souto González dictó un auto de apertura de juicio oral contra seis de los imputados en el Caso Cee, a raíz de las conclusiones definitivas del Ministerio Fiscal una vez que el 16 de diciembre de 2015 incoó auto de inicio de procedimiento abreviado por el que el citado Ministerio Fiscal calificó los hechos como constitutivos de los siguientes delitos: prevaricación, falsedad en documento oficial, cohecho pasivo y activo, tráfico de influencias, dejadez en la custodia de documentos oficiales y exacciones ilegales. Adjudicó, a su vez, los delitos y las motivaciones que correspondían a cada uno de los imputados definitivos.

La defensa de los acusados Ángel Manuel Ogando de la Sierra y Daniel Ogando Ogando, en sus conclusiones definitivas, solicitó la libre absolución de sus defendidos y de manera subsidiaria, y para el caso de condena, la concurrencia de las circunstancias atenuantes de dilaciones indebidas como muy cualificada.

De manera alternativa, interesó que los hechos se calificaran como constitutivos de un delito 423.2, en relación con el 65.3 del código penal.

La defensa del acusado Jorge Luis López Lago, en sus conclusiones definitivas, solicitó la libre absolución de su defendido, y de manera subsidiaria, y para el caso de condena, la concurrencia de la circunstancia atenuante de dilaciones indebidas como muy cualificada.

Mi defensa, en sus conclusiones definitivas, solicitó mi libre absolución, y de manera subsidiaria, y para el caso de condena, la concurrencia de la circunstancia atenuante de dilaciones indebidas como muy cualificada.

La defensa del acusado José Carlos Leis Caruncho, en sus conclusiones definitivas, solicitó la libre absolución de su defendido, y de manera subsidiaria, y para el caso de condena, la concurrencia de la circunstancia atenuante de dilaciones indebidas como muy cualificada.

La defensa del acusado Juan Bautista Areas Lestón, en sus conclusiones definitivas, solicitó la libre absolución de su defendido, y de manera subsidiaria, y para el caso de condena, la concurrencia de la circunstancia atenuante de dilaciones indebidas como muy cualificada.

No todo fueron momentos amargos en esa verbena sin santo. Una de mis mayores satisfacciones la supuso la exoneración por sobreseimiento y archivo de las imputaciones a los funcionarios municipales del ayuntamiento de Cee, la secretaria municipal Rocío Hermida Cancela, la funcionaria de administración general y jefa de negociado, Concha Outes, el policía local Gonzalo Castelo Montero y la de Pilar Iglesias Lema, jefa de gabinete de la alcaldía cuando se iniciaron mis honras fúnebres políticas y brillante teniente alcalde y concejala de Presidencia, Servicios Sociales, Igualdad y Empleo cuando se libró de esta losa. Durante la primera etapa, algo que obsesionaba especialmente al Chispitas y a lo que hizo referencia siempre que la nombró, fue al hecho de que fuera mi pareja, que, posteriormente, y como el proceso se volvió eterno, se convirtió en mi esposa. **El arquitecto de la empresa OGANDO, Miguel Ángel Rodríguez López de la Llave, también quedó libre de imputación en ese momento procesal.**

La jueza corrigió a sus colegas predecesores en la instrucción por no estar debidamente delimitada su responsabilidad criminal en los hechos.

Esto que aquí relato es la partitura final del Caso Cee previa a la apertura de juicio oral, al que llegué, por consejo de mi abogado, sin haber presentado ningún recurso en ningún momento procesal.

Desde el inicio de este atropello judicial manifesté siempre mi opinión, sin miedo a represalias ni a nada que se le pareciese, tanto si era preguntado por los medios de comunicación o simplemente cuando me apetecía. Aunque quizá sería más prudente seguir la máxima de no dar explicaciones porque tus amigos no las necesitan y tus enemigos no te creerán nunca.

El auto de apertura de juicio oral del Caso Cee y las duras imputaciones que en él se realizaban, fundamentalmente contra mí, agitaron el avispero en el que se había convertido la corporación municipal. Zaira Rodríguez, exmunícipe y exalcaldesa y por aquella hora portavoz municipal del Partido Popular, afirmaba que tenía que haber dimitido y por muchos motivos, y que si eso sucediera en el PP y que creía que en cualquier otro partido, tendría que hacerlo. La portavoz del PSOE, Margarita Lamela, afirmaba que tenía que dar un paso atrás, que Cee no se merecía esa situación. Aseveración esta última que comparto; pienso que debieron habérselo pensado antes en el universo socialista para que no se produjera ese escándalo. Terminó su intervención mediática solemnizando lo obvio, que tenía derecho a la presunción de inocencia y a un juicio con todas las garantías legales, que para estar condenado es necesario una sentencia dictada por un juez. Faltaría más. Reiterando la afirmación de Zaira de que en su partido cuando se acuerda la apertura de juicio oral de cualquier cargo político, tienen la obligación de dimitir y dejar su acta. Serxio Domínguez entendía por ética que debía dimitir, pero que la última palabra la tenía la justicia.

El más brillante fue, como en innumerables ocasiones, el concejal no adscrito Modesto Rivas, quien *me rogó en un pleno que no dimitiera, que me resistiera a entrar en esa vertiginosa dinámica de los partidos a exigir dimisiones cuando se abre juicio oral, dinámica que se salta a la torera el derecho inalienable a la presunción de inocencia*, y afirmó que no sería él quien pisoteara mi derecho y que si por desgracia se equivocaba solo cargaría con el error de haber exculpado a un culpable, y que lo que no podría soportar su conciencia sería haberse equivocado inculpado a un inocente. Remató su alocución diciendo: «Así pues, respetado alcalde, no dimitas». Y que si en ese momento me iba, ni habría dimitido, ni me habrían investigado, parafraseando al politólogo Xosé Luis Barreiro Rivas. Como no podría ser de otra forma, agradecí sus palabras y lo tranquilicé confirmándole que no era una opción que, en absoluto, pasase por mi imaginación.

Nunca compartí esa rueda en la que entraron los partidos al exigir a sus militantes electos que presenten su dimisión cuando, estando imputados, se les abre juicio oral, e incluso antes. Ideario que provoca situaciones kafkianas al ver dimisiones en cascada de políticos que después son absueltos. No considero que mejore la ética ni que sea más responsable políticamente. Lo que no es ni ético ni responsable es planificar desde ámbitos políticos tramas policiales y judiciales para abatir a rivales que compiten en buena lid y a los que resulta complejo vencer. Hay que tener paciencia, siempre puede aparecer una alcaldesa con mal talante, un accidente de tráfico, un infarto de miocardio o un ictus que calme la ansiedad de los políticos opositores y les procure opciones de éxito y de bienestar emocional. Aunque a veces no se consigue ni con eso, porque hay personas que sufren el *síndrome de Santa Teresa, que viven sin vivir en ellas y que tan alta vida esperan, que mueren porque no mueren.*

VII

El dictamen de la jueza instructora del Juzgado de Primera Instancia e Instrucción de Corcubión, a propuesta de la Fiscalía, dejó eximidos de toda responsabilidad penal a los políticos, funcionarios, técnicos y empresarios del ayuntamiento de Fisterra, imputados en el Caso Fisterra.

La jueza María Purificación Prieto Picos, cuarta batuta de la Orquesta Emérita, afirmó que no concurrían indicios suficientes para formular acusación contra ellos por la intranscendencia penal de las conversaciones telefónicas recabadas en el curso de la investigación, las cuales no permitían dar fuerza a la conjetura de que cantidades de dinero fuesen destinadas al alcalde o a algún miembro de la corporación de Fisterra a cambio de la adjudicación de alguna obra. Lo recabado no constituía, por tanto, un conjunto suficiente de indicios capaces de destruir la presunción de inocencia que ampara a los investigados.

La jueza instructora advirtió, en referencia a la propuesta del Ministerio Fiscal, que el análisis de los expedientes incautados en el Ayuntamiento de Fisterra únicamente permitía constatar irregularidades en la documentación que podrían ser constitutivas de irregularidades administrativas, basadas en meras conjeturas, ausencia de datos e interpretaciones insuficientes, que se trataba de algo que quedaba fuera del ámbito penal aunque pudiese perseguirse por otras vías. El ministerio público afeó que los informes de la policía sirvieran casi de base literal al auto del procesamiento.

De este modo y con estas argumentaciones se archivó el Caso Fisterra, lo que supuso dejar sin las imputaciones de prevaricación continuada, tráfico de influencias y cohecho, a José Manuel Traba Fernández, exalcalde de Fisterra; Santiago Insua Esmorís—Recamán, exteniente de alcalde; Ramón Redonda, exconcejal de obras; José Ramón Lema Fuentes, secretario—interventor; Manuel Carro López, arquitecto técnico de Fisterra; y a los empresarios Daniel Ogando Ogando y Daniel Ogando de la Sierra. Así, esta causa se archivó.

Concuerdo completamente con el exalcalde de Fisterra, excompañero de calabozo en la comisaría de *Lonzas* y amigo, en su afirmación de que la actuación policial y judicial no fue, en absoluto, proporcionada a los hechos investigados, y el entorno mediático que se generó, el despliegue y quienes eran los responsables políticos con cargos en determinados ámbitos, hacía pensar que pudo existir influencia política en el desarrollo del proceso. Los dos aguantamos el tirón, ganamos las elecciones municipales de mayo de 2011 y conservamos la alcaldía. En mi caso, en las elecciones municipales de 2015 gané y recuperé el primer sillón municipal que me arrebataron el Bloque Nacionalista Galego y el PP, en el año 2012, a través de una moción de censura. Aún tuve que esperar hasta marzo del 2019 para ser juzgado. Los dos fuimos muy luchadores y seguidores de una máxima de Valentín Castreje, antecesor de Traba en la alcaldía de Fisterra, tristemente fallecido, que decía que si bailas al son del tambor que te toquen, todo el mundo te tocará el tambor.

VIII

En el Caso Corcubión quedaron exculpados los empresarios Daniel Ogando Ogando y Francisco José Casal Mouzo a quienes no se les imputó ninguno de los hechos descritos en el auto, por lo que no procedía la apertura de juicio oral en su contra.

Para el exalcalde Francisco Javier Lema Fuentes, el ministerio público solicitó nueve años de inhabilitación especial para cargo y empleo público por un delito de prevaricación y dos años y nueve meses de prisión en caso de que se apreciase delito de fraude a la administración local, lo cual aparejaría, además, ocho años de inhabilitación.

A su vez, para los empresarios Daniel Ogando de la Sierra, Yoni Tuñas, Lino Tuñas Garabal y Francisco Casal Méndez, la Fiscalía solicitó seis años de inhabilitación como cooperadores necesarios en un delito de prevaricación. Al igual que al exalcalde, si los delitos fueran considerados un fraude a la administración, a Ogando se le solicitarían dos años y nueve meses de cárcel y al resto de empresarios seis meses.

La causa se enjuició en el Juzgado de lo Penal n.º 5 de A Coruña por la titular Susana Ferro Cruz. La sentencia se produjo a principios de abril de 2018. No se había acreditado que el ahora exalcalde Francisco Javier Lema Fuentes hubiera cometido ninguna irregularidad administrativa, a sabiendas de ello, para la adjudicación de las obras a Construcciones Ogando S. L., ni que se hubiera concertado con los contratistas a tal fin.

El envío de Daniel Ogando al alcalde de un correo electrónico con el nombre de diferentes empresas a las que invitar para unas obras fue lo que motivó las acusaciones de la Fiscalía, pero en el juicio no se consideró que fuera nada punible ya que los particulares hubieran podido llegar a un acuerdo para repartirse las adjudicaciones. También fueron absueltos los empresarios imputados.

IX

En el caso **Mazaricos** la fiscalía no presentó acusación y tampoco existió acusación particular, rasgo, este último, común a todas las piezas de la Operación Orquesta. Por esta circunstancia la jueza titular del juzgado de primera instancia e instrucción n.º 1 de Muros, May El Youseff Lima, archivó el caso **Mazaricos**. La doctrina jurídica en España determinó que si no existe acusación no hay causa, y que lo que corresponde es el sobreseimiento de la misma, dado que, conforme al principio acusatorio, el juzgador no puede imponer pena más grave y de mayor entidad, ni de continuar la instrucción si no se sostiene pretensión de condena.

Pasaron siete años y medio largos, en los que estos ciudadanos, por la inquina de quien manejaba hilos en diferentes estamentos del poder, se vieron sometidos al juicio de la calle, y a soportar el disgusto, la ansiedad e incluso la depresión, propia y de familiares. El *modus operandi*, el mismo que en los otros casos: un amplio despliegue de policías de la Unidad de Delitos Económicos Fiscales y Monetarios de la policía nacional y sus correspondientes vehículos, que irrumpieron en el ayuntamiento **mazaricano** y se llevaron diversa documentación y al alcalde detenido. Dos días después harían lo propio con el conserje municipal, Benito Martínez, quien quedaría libre tras pagar una fianza de 5.000 €.

A JOSÉ MANUEL SANTOS MANEIRO, alcalde de **Mazaricos** por los presuntos delitos de tráfico de influencias, prevaricación y soborno;

A MANUEL RODRÍGUEZ CAAMAÑO, teniente alcalde de **Mazaricos**, por los delitos de tráfico de influencias y soborno;

A ANA MARÍA REYES CAMBRE, secretaria municipal por los delitos de tráfico de influencias, prevaricación y soborno;

A ORLANDO GONZÁLEZ VILLARINO, por los delitos contra la administración pública, tráfico de influencias, administración y soborno;

A BENITO MARTÍNEZ, conserje municipal por los presuntos delitos de tráfico de influencias, prevaricación y soborno;

A YONI TUÑAS NIETO y LINO TUÑAS GARAVAL de la empresa **mazaricana** *Excavaciones Yoni Tuñas* por presuntos delitos de tráfico de influencias, prevaricación y soborno;

Estas fueron las imputaciones iniciales que se convirtieron en acusaciones a raíz del auto dictado por la jueza competente, que decidió el sobreseimiento del mismo y el archivo correspondiente.

En **Mazaricos** dejaron de sonar los acordes de *El Padrino*.

Cinco jueces instructores, dos hombres y tres mujeres, cuatro en el Juzgado de Primera Instancia e Instrucción n.º 2 de Corcubión y otra en el Juzgado de Primera Instancia e Instrucción n.º 1 de Muros, a donde emigró el caso **Mazaricos** tras el despiece, casi quirúrgico, de una trama, el caso Orquesta, siguiendo las indicaciones de la Audiencia Provincial de A Coruña, trama que solo existió en el imaginario del juez Lago Louro.

En toda esta historia hay cuestiones procesales francamente sorprendentes. Ninguno de los abogados de la defensa recibió las peticiones de la fiscalía con anterioridad al dictado del auto de procedimiento de apertura de juicio oral.

Los abogados de la defensa, a lo largo de estos casi seis años, siguieron estrategias distintas. Así, unos apostaron por recurrirlo todo, otros por hacerlo parcialmente y los menos por no recurrir nada. Fue lo que me aconsejó mi abogado y a lo que hice caso. A los abogados hay que ir abierto en canal y, salvo que veas cosas extrañas, seguir sus consejos como si del médico se tratase, sobre todo en cuestiones de carácter penal. Yo, que soy taurino, me acordé de Paquirri en la enfermería de la plaza de toros de Pozoblanco, cuando medio se incorporó y con la templanza y la gallardía de un grande del toreo, le dijo al médico: «La cornada tiene dos trayectos, haga usted lo que tenga que hacer».

Gutiérrez Aranguren, ilustre abogado penalista que defendió al alcalde y concejales de Fisterra, tenía la sensación de que Lago Louro se percató de que allí no había nada y de que le habían metido un gol; pero en lugar de desactivar esa bomba de relojería, optó por cerrarla y que fuese un juez de lo penal el que lo resolviera. Lanzó un *boomerang* que, como era previsible, le vino de vuelta a su juzgado.

No aparenta Lago Louro una imagen de bisoñez infantil que propiciara que le metieran un gol, es evidente que no es un estuche de divinidades intelectuales y si profundizáramos en Freud podríamos encontrar diversos traumas infantiles que se proyectaron al futuro en un hombre rudo y tosco que no permitiría nunca que lo manipulasen. Así, si hubo gol fue en la portería de los imputados. Que no quepa la menor duda.

Hubo un hombre socialista y gordo en Madrid que presuntamente fue utilizado por una chusma de interesados socialistas locales para matarme políticamente, aunque para José Luis Gutiérrez Aranguren fuera una instrucción desproporcionada en la forma y en el fondo porque no había nada que fuera constitutivo de delito y que llevara visos de perpetuarse en el tiempo.

La afirmación de que el exalcalde de Corcubión, Francisco Javier Lema Fuentes, se había visto inmerso en la Operación Orquesta de una forma extraña, nadie la duda. Semanas después de la jornada electoral y de que los imputados tuviéramos que sufrir las soflamas del PSOE exigiendo nuestra dimisión, fue imputado, lo que generó infinitas incertidumbres sobre la imparcialidad de la operación que lo dejó fuera de la investigación cuando presuntamente se habrían utilizado los mismos medios de contratación, la empresa Ogando, siendo la única diferencia aparente entre instituciones el color político de sus dirigentes. No tuvo, mi apreciado Chisco, que sufrir el descrédito de una detención propagandística, aunque ya figurara en las intervenciones telefónicas policiales desde abril de 2010.

La operación tuvo limitadas consecuencias políticas, sobre todo por la sensación de ausencia de imparcialidad judicial, posteriormente demostrada con las nuevas imputaciones.

CUARTA PARTE
NO PERMITAS QUE LA
VERDAD TE ESTROPEE
UN BUEN TITULAR

X

El periodismo se conoce como el cuarto poder, por eso debe conducirse por la senda de la búsqueda de la verdad en el ámbito de la información y nunca dejarse arrastrar por el ímpetu de la inmediatez ni por la impresionante escenografía que se puede montar en torno a unos hechos y escarbar, escarbar y escarbar en la realidad aparente que se muestra para encontrar la verdadera, a veces bien escondida y otras, como en la Operación Orquesta, disimulada de forma muy tosca para cualquier periodista interesado en narrar unos hechos tal y como se desarrollaron. No hacía falta ser un sabueso en la búsqueda de la verdad informativa, pero resultó más cómodo entregarse a la parcialidad de los informes policiales y judiciales.

El secreto de sumario decretado, debió serlo solamente para los imputados y nuestros abogados pero no para los periodistas. Se produjeron muchas filtraciones, circunstancia ilegal que los jueces no investigan por la dificultad que entraña detectar a los autores de las mismas. Solo dos periodistas de *ABC*, Alfredo Aycart y José Luis Jiménez, actuaron conforme a esas premisas, generando duda en los lectores sobre si toda esa presunta realidad que la policía y la justicia mostraban sería cierta o no. Ellos encarnaron el periodismo puro que, según el diccionario de la Real Academia Española de la Lengua, es la actividad profesional que consiste en la obtención, tratamiento, interpretación y difusión de informaciones a través de cualquier medio escrito, oral, visual o gráfico.

El paradigma del antiperiodismo lo abanderó Pepe Formoso, conocido popularmente, desde niño, como Pepe Jabalí, un pinchadiscos pesado y aburrido que se promocionó por arte de magia al mundo del periodismo radiofónico en los años noventa, a través de Radio Neria, emisora local de Corcubión. Posteriormente a finales de esa época y de la mano del director de Radio Coruña, Ángel Gómez Hervada, fallecido en noviembre de 2017, comenzó a dirigir una nueva emisora de la cadena que había obtenido licencia radiofónica para Vimianzo, a la que denominaron *Ser Nordés*, que pasados unos años empezó a emitir desde Cee de forma ilegal, sin licencia radiofónica ni de obra ni de actividad, según tuvo constancia posteriormente el ayuntamiento de Cee. Como consecuencia de estas irregularidades se trasladaron a un piso propiedad de Pepe Jabalí y que ya durante la obra del edificio había adaptado para emisiones radiofónicas y redacción, que es donde se sitúa en la actualidad. La muerte de Anca, que es como conocían familiarmente a Ángel Gómez Hervada, supuso el principio del fin de Pepe en la cadena, el descubrimiento por parte de su hermana y propietaria de la misma, de presuntos actos de carácter irregular en la gestión de la emisora ceense, supuso inicialmente una baja médica supuestamente por un trastorno de carácter ansioso depresivo y el posterior cese en la empresa.

Siguió la tónica general de los periodistas en este caso, asumir lo que filtraba la parte jurídico—policial hasta que se abrió el secreto del sumario y utilizó transcripciones a su antojo para parodiarlas en sus programas. Protagonizadas por típicas personas todoterreno que hay por todas partes y que no son nada pero que creen que valen para todo. Como bien dijo Gutiérrez Aranguren, abogado del alcalde y de los dos concejales imputados de Fisterra, era una mala interpretación que la policía habría hecho de las conversaciones telefónicas con agentes traídos de Madrid intentando dar sentido a conversaciones en gallego, buscando frases sueltas para armar la causa. A eso se unió la versión teatralizada de los hombres de Pepe y la opinión pública escuchó un sainete que poco o nada tenía que ver con la verdad. Las emisiones duraron semanas, combinadas con tertulias, en las que participaban contertulios a los que, por uno u otro motivo, yo no les resultaba una persona grata, con la intención de transmitir la idea de que perfiles sociales, profesionales y políticos de distinto color consideraban a Ramón Vigo el mayor delincuente después de Alphonse Gabriel Capone, más conocido como Al Capone. Según llegó a decir un desinformado exconcejal de Cee, Daniel Oca, yo era el político más imputado de España. Nada más lejos de la realidad. Así continuó hasta las elecciones municipales en las que se les debió atragantar nuestro resultado, pues las ganamos con el segundo mejor resultado que obtuvo un partido en Cee desde la restauración democrática, hoy superado por el obtenido por la actual alcaldesa en las elecciones de mayo de 2023. Casi duplicamos los votos y los concejales obtenidos en 2007; nos faltaron muy poquitos para obtener el sexto concejal que hubiera impedido la moción de censura que me presentaron en el 2012. Ese resultado, que fue un gran éxito, escondió otra realidad, que fue el perjuicio que nos supuso la Operación Orquesta, ya que no alcanzamos la ansiada mayoría absoluta que nos daban las encuestas encargadas por los socialistas y populares.

Ese fue el despreciable papel de *Ser Nordés* en esta turbia historia. No amplío más el fracaso de los objetivos informativos negativos de la emisora de Pepe Jabalí hacia mi persona porque el resultado electoral es lo más representativo de su derrota y falta de credibilidad. Además, su egolatría podría hacerle pensar que es protagonista en esta tragicomedia, cuando en realidad es un simple figurante.

XI

El diario digital *Que pasa na Costa* se mostró como otro de los medios agresivos con los imputados en este caso, especialmente con mi persona. La ligereza en el contenido de la información fue mayúscula; aun a día de hoy se pueden leer en su página titulares como: «Varios detenidos, entre ellos tres alcaldes en la Operación Orquesta por corrupción urbanística», cuando en ningún párrafo del sumario se hace referencia a alguna ilegalidad o problema de tipo urbanístico. Solo la carencia de profesionalidad de personas que actúan periodísticamente como aficionados puede hacer esas afirmaciones falsas e infundadas. Otro podría ser: «De cómo se justifican subvenciones públicas con dinero de la caja B, sin factura de transferencia y con una firma personal». Todavía hoy siguen sin preguntarse en dónde estaba esa caja B. También: «Repaso al sumario de la Operación Orquesta: las adjudicaciones de Neria», cuando esta asociación nunca fue objeto de investigación ni mucho menos de imputación alguna en el ámbito de la Orquesta, o «Repaso al sumario de la Operación Orquesta: falseando la Casa de la Cultura», y, lo que fue el colmo de la falsedad, afirmar que tres nuevos detenidos en la Operación Orquesta quedan en libertad bajo fianza de 3000 €. Doble falsedad: eran imputados en las diligencias de la operación antidroga, no en las de la Orquesta, y una de las fianzas fue de 1500 €.

Redactaron titulares y noticias en base a su interpretación después de una lectura, profunda o no, de un sumario que resultó ser un conjunto de escuchas telefónicas interpretadas de forma, cuando menos peculiar, por la policía, pero carentes del rigor que debe tener la transcripción e interpretación de una intervención telefónica policial.

XII

Los artículos de opinión se escribieron bajo un único enfoque, el de la culpabilidad de los imputados. La idea de la policía y del juez era dogma de fe. A pesar de esta actitud, accedí a que me grabasen una entrevista audiovisual y realicé alguna declaración ocasional para ellos.

En el diario *El País* fue Paola Obelleiro la que enarboló la pluma para transmitir a la ciudadanía la misma línea editorial: los políticos, los empresarios y los funcionarios éramos unos delincuentes, y no se utilizó ni media neurona para ver más allá del escenario planteado por la policía al juez Lago Louro y este, por extensión y en el ejercicio de su autoridad, a toda la sociedad. La desinformación interesada no era la hoja de ruta de Paola Obelleiro y sus colegas. Así, en este periódico, que desde su nacimiento se distinguió por mantener una línea editorial en defensa de las propuestas y actuaciones del Partido Socialista Obrero Español, que gobernó España cuando se inició y se produjeron las detenciones, intervenciones e imputaciones del Caso Orquesta, no fue la señora Obelleiro la única plumilla que nos atacó duramente a los investigados. En ese sentido, Carlos Martínez Buján se cuestionaba la reacción de algunos políticos y de determinados medios de comunicación, que no solo trataron de restar trascendencia a los hechos, sino que incluso criticaron la actuación del juez. Visto el resultado final de toda esta historia, esa crítica se mostró como fruto de una actitud inteligente y, en cualquier caso, mucho más imparcial y profesional que la que mantuvo este diario, que en aquella época presidía Juan Luis Cebrián y dirigía Javier Moreno.

Ya para terminar con él, en otra hora, todopoderoso diario *El País* y no reiterarme, desde Vilagarcía, donde en otros tiempos un juez inhabilitado por prevaricación veía amanecer y al que con anterioridad me referí, Elisa Lois firmó una crónica con un titular que sin duda pretendió aromatizar la noticia con un tufillo que rezumase delincuencia, cuando escribió: «Uno de los empresarios detenidos montó un negocio con un traficante de cocaína», pero sin identificar de qué tipo de negocio se trató.

En ningún momento llegaron a plantearse la duda de Descartes como instrumento para llegar a la certeza. A este ilustre filósofo francés lo tenían olvidado.

El Mundo fue uno de los diarios nacionales que pasó, curiosamente, de refilón por este impactante acontecimiento. Si bien conviene resaltar que, además de contar el relato, generó duda sobre los hechos. Podríamos decir que fueron más cartesianos.

XIII

Soy consciente de que cada medio tiene una línea editorial, pero la información tiene que ser cierta y estar debidamente contrastada. En este contexto tendré que analizar la información del diario *La Voz de Galicia*, el de mayor tirada en nuestra tierra y que presume de ser el que goza de mayor credibilidad entre los lectores gallegos. Por mi vecindad bergantiñana, previa a mi inicio en política, y por haber sido durante unos años presidente de la peña barcelonista de Bergantiños, tenía un conocimiento de muchos de los trabajadores de la redacción con los que, en general, conservo una buena relación. El hoy jubilado Casal me hizo una foto para un acto de la peña, apareció en mi despacho y me fotografió. Así salí durante tiempo en prensa retratado con mi bata profesional, que mientras fue por actos de la peña no me importó, porque eran esporádicos; pero cuando comencé en política y siguieron utilizando la misma foto de archivo, les comenté que me tenían que hacer otra foto. Un buen día, cuando me dirigía, por la mañana, temprano, a mi trabajo, al pasar delante de la delegación de *La Voz*, salió Casal como un rayo, hasta me asustó, y me dijo: «Ponte ahí, ponte ahí». Me empotró en la puerta de la cafetería situada en la esquina al otro lado de la calle y me disparó varias fotos. Menos mal que solo salió medio cuerpo, porque si no saldría fotografiado el maletín que siempre llevaba en la mano. A partir de ahí *La Voz* me despojó de la bata y progresivamente del pelo a lo largo de más de veinte años, lo que compensó gráficamente, también de forma escalonada, con el aumento de peso corporal. El periodista que relataba las noticias de Cee y su entorno era, cuando se impulsó la Operación Orquesta, Eduardo Eiroa, persona con la que siempre mantuve una relación cordial, del que siempre dije que percibía las entrevistas que me hacía y las transcribía como si fuera yo; pero que curiosamente se atrincheró desde el primer momento, marcando una distancia y señalando a los imputados como si fuéramos hijos del mal. Lo curioso es que en varias conversaciones que reproducen las escuchas en el sumario es mi interlocutor, en unas por el resultado de una contratación cuestionada en el caso, es verdad que no tendría que sospechar nada raro de haberse producido; pero en una en la que me preguntó sobre el programa de fiestas y yo le hablé sobre la carestía del mercado artístico y de que era muy difícil contratar porque la comisión generaba mucho B, no le supuso ninguna sorpresa, es más, asintió. Procede subrayar que mi expresión no fue correcta desde un punto de vista fiscal, pues los ingresos de la comisión de fiestas por donativos, al igual que los que recaudan otras organizaciones benéficas, no están sujetos a fiscalidad.

Sin embargo, llamaron mi atención sus artículos e informaciones negativas sobre el tema, incluso su intervención al más puro estilo fiscal en el programa de la Sexta, *La Sexta Columna*, que se grabó años después de la efervescencia inicial, en la que participó y en la que también yo fui entrevistado.

No le guardo rencor por su mala praxis periodística a la hora de afrontar esa bomba informativa, seguro que no debió de ser fácil porque las noticias se vomitaban al ritmo que lo hace la colada en la fábrica de ferroaleaciones de Cee.

La vida es una noria con batería permanente en la que unos bajan y otros suben. En esa noria, el último encuentro que compartí con Eiroa fue unos días antes de que me desbancasen de la alcaldía por la moción de censura, en la que el BNG de Dani Oca le regaló la alcaldía de Cee al PP. Me quería entrevistar y quedé con él en mi casa. Allí, en el salón, en compañía de Pili, mi mujer, compartiendo una botella de *champagne*, me fotografió y me preguntó lo que consideró oportuno y que quedó reflejado en *La Voz* de aquellos días. Al rematar, y ya fuera del ámbito profesional, me preguntó si no consideraba que los firmantes de la moción me estaban haciendo un favor, indudablemente inconsciente. En aquel momento no compartí, en absoluto, esa reflexión; pero con posterioridad reconocí que fue un visionario: en el año 2015 de los siete firmantes de la moción solo dos permanecían en la corporación y yo volvía a ser el alcalde. Avaló su teoría en que la oposición sería implacable y la crisis no ayudaría a percibir inversiones sustanciales de otras administraciones, lo cual desluciría el mandato municipal y por añadidura mi gestión anterior como alcalde.

Su diario, *La Voz de Galicia*, mantuvo una línea editorial en la que daba por hecho lo que transmitía la policía y la justicia, sin pararse a analizar si lo que les contaron podría ser verosímil o no. Claro ejemplo fue un titular que rezaba: «Al alcalde de Cee le pedirán treinta años de cárcel». Totalmente surrealista, no existía siquiera escrito de acusación, lo que hizo el periodista que escribió eso fue sumar las penas máximas que le corresponderían a los seis delitos que inicialmente me imputaron. Conviene destacar, en primer lugar, que no todos los presuntos delitos se mantuvieron hasta el final, y en segundo lugar la falta de pericia del informante por no haberse asesorado de cómo era el procedimiento para la petición de penas, que por supuesto no se basaba en la suma de las correspondientes a cada uno de los delitos imputados.

Esta y otras noticias similares motivaron que llamase a Xosé Ameixeiras, delegado de *La Voz de Galicia* en Carballo y con él que siempre mantuve una buena relación desde mi etapa bergantiñana. Quedamos para comer en el restaurante El Castillo de Vimianzo y allí me presenté con un pequeño dosier de copias de portadas y páginas de su diario.

Cuando nos sentamos, antes de empezar a comer, le adelanté que no lo llamaba para intentar minorar la difusión que le estaban dando a la noticia, tanto por su trascendencia como por una cuestión de profesionalidad. Lo que sí le pedí, apelando a esto último, fue que contrastasen la información, a la vez que le mostraba las copias del dosier que llevé, haciendo especial hincapié en un microtitular de portada que decía que el ayuntamiento de Cee había contratado a un narcotraficante. La persona a la que se referían en la investigación nunca trabajó en el ayuntamiento, y además estaba siendo investigado en las Diligencias 536/2009 por un presunto delito contra la salud pública que dio lugar a la apertura de las Diligencias 1001/2009 por presuntos delitos contra la administración pública en las que yo estaba imputado. También el juez Lago Louro cuando entró en mi despacho el día de la intervención del ayuntamiento, me preguntó por el lugar en el que se guardaba el contrato de la persona citada anteriormente, refiriéndose a él por su nombre completo, lo que me despistó, porque siempre lo conocí por su primer apellido y no fui consciente en ese momento de a quién se refería. La actitud del juez fue arrogante, posiblemente con el ánimo de mostrar su incuestionable autoridad, que seguramente necesitara para engañarse a sí mismo escondiendo traumas antiguos que condicionaron complejos posteriores. Lo que sí le respondí es que no me constaba que trabajase en el ayuntamiento, y que de todas formas en la alcaldía no se custodiaba ningún contrato de los trabajadores municipales.

Volviendo a la comida, aproveché para decirle a Ameixeiras que antes de poner ese titular tan impactante podrían haber contrastado la noticia con el departamento de personal del ayuntamiento, al igual que otras informaciones que le fui señalando.

Esta forma de proceder no condicionó la buena relación que todavía mantengo con él y con la mayoría de los redactores de la redacción de Carballo.

La tónica general de los medios escritos de la comarca siguió esa línea. Quizá *El Correo Gallego*, que dirigía en la Costa da Morte el tristemente desaparecido Jesús Trillo y con el que colaboraba el redactor José Manuel Ramos, mantuvo un tono más comedido, aunque la referencia incuestionable siguió siendo el sumario y la información interesada de la justicia, la policía y abogados, que eran, manifiestamente, contrarios e incluso enemigos de mi persona o de mi figura política.

En la misma tesitura podría situarse *El Ideal Gallego* al igual que su versión comarcal como *El Diario de Bergantiños*. El diario digital *Adiante Galicia* mantuvo habitualmente una información ponderada, sobre todo una vez digerido el impacto inicial del suceso.

XIV

El medio de comunicación que trató desde el principio el proceso de forma más ecuánime fue, sin lugar a dudas, el periódico *ABC*.

José Luis Jiménez fue uno de los informadores del medio fundado por don Torcuato Luca de Tena que escribió sobre la Operación Orquesta de manera más afinada. En un artículo publicado el 1 de febrero de 2015 apuntó que el juez Lago Louro trajo a unos policías de Madrid y Vigo para detener a tres alcaldes, dos concejales, varios empresarios e intervenir los ayuntamientos de Cee, Fisterra y Mazaricos, así como varios domicilios particulares, por un supuesto entramado corrupto entre los alcaldes y algún empresario de la comarca para reparto de obras públicas a cambio de prebendas, un presunto escándalo mayúsculo que impuso notorias penas de telediario para los regidores que aparecieron en todos los informativos y portadas de ese día y de los que le siguieron, y que años después la Orquesta ni siquiera afinaba y que había perdido músicos, el primero el juez instructor Andrés Lago Louro, padre de la operación que apareció de la nada, mientras intervenían conversaciones telefónicas en una operación contra el narcotráfico.

La causa tomaba aspecto de trama, y todo basado en las escuchas telefónicas, que la policía nacional interpretaba a discreción.

En la misma línea y en el mismo periódico, Alfredo Aycart decía que hubo pocas actuaciones policiales tan polémicas en Galicia como el desarrollo de la Operación Orquesta, que salió a la luz pública con la espectacular detención de alcaldes, concejales y técnicos de la Costa da Morte; que se había montado un operativo policial de escandalosas dimensiones, y se habían acotado curiosamente las operaciones a las actividades de una constructora que opera en toda la comarca con ediles del PP o independientes llamó tanto la atención como la fecha elegida, en plena precampaña para los comicios municipales del 22 de mayo de 2011. La otra anécdota que elevaba la categoría del caso se refería a las conversaciones mantenidas por el ministro de Justicia, el socialista Francisco Caamaño, con el alcalde de su pueblo natal, Cee, el independiente Ramón Vigo. Metido en harina partidista, intentaba atraer a su paisano a su formación, escasas semanas antes de que este fuese detenido, después de rechazar sus melodiosos cantos de sirena.

Que socialistas y correveidiles habituales intentaran sacar provecho político del caso era algo tan esperado como su relativo fracaso. El mapa político en la Costa da Morte sufrió escasos cambios.

Las escasas consecuencias políticas de la operación tuvieron sin duda relación con una instrucción que generó excesivas dudas sobre su imparcialidad en la medida en que inicialmente se dejó fuera de las pesquisas policiales a la corporación de Corcubión, donde supuestamente se habrían utilizado los mismos métodos, punibles o no, de contratación, la cuestionada empresa Ogando, porque la única diferencia aparente entre las instituciones era el color político de sus dirigentes.

Que semanas después de la jornada electoral, después de meses de llamamientos del PSOE exigiendo la dimisión de los implicados, tuviera que acudir como imputado el alcalde socialista de Corcubión, reelegido en las elecciones, arrojó aún más luz sobre los pilares del caso.

El correligionario de Caamaño no tuvo que sufrir, sin embargo, el descrédito de una detención propagandística, aunque ya figuraba en las escuchas policiales desde abril de 2010.

Según la Real Academia Española de la Lengua, el periodismo es la actividad profesional que consiste en la obtención, tratamiento, interpretación y difusión de informaciones a través de cualquier medio escrito, oral, visual o gráfico. Según el especialista en ciencias de la información José Luis Dader, el periodismo, además de ser un método para dar a conocer hechos de relevancia para una sociedad, también es una ciencia que combina la recopilación, verificación, síntesis y clarificación de la información acreditada como relevante y cierta para servir desinteresadamente a los ciudadanos en su necesidad de un seguimiento preciso de los asuntos de interés público o potencialmente capaces de afectar a sus vidas.

Existe una deontología profesional acorde a su influencia social y que se guía por una ética profesional, basada en su independencia de intereses políticos o económicos. El periodista debe contrastar la información de la que dispone antes de publicarla. Esto último fue una de las principales carencias periodísticas en este caso: el sumario era la biblia, el juez el Papa, los policías los obispos y los imputados los herejes condenados al mundo de las tinieblas.

En la masiva información que se transmitió de la Operación Orquesta, estos dos últimos periodistas a los que me referí y pocos más constituyeron unos versos sueltos con respecto a los demás informadores, cumplieron exquisitamente los conceptos y principios que con anterioridad referencié y contribuyeron a convertir la cita que titula esta parte del libro en el título del manual que siguieron los informantes, muy acorde con la línea actual del periodismo, más interesado en el morbo y en el impacto social que en la búsqueda de la verdad.

QUINTA PARTE
SEIS MÚSICOS DE LA
ORQUESTA INTERPRETAN
LA ÚLTIMA PARTITURA

XV

Después de muchas idas y venidas, de innumerables vicisitudes, archivos, sobreseimientos, absoluciones, incluso una inundación provocada por una lluvia torrencial en A Coruña, que eliminó parte de la causa; ocho años, un mes y doce días después de las impactantes detenciones del 31 de enero de 2011, el día 12 de marzo de 2019 comenzó el tan cacareado juicio oral del caso Orquesta, reconvertido, lo que quedaba de él, en caso Cee. Estaba previsto que continuase durante los días 13, 14, 26, 27 y 28 del mismo mes, pero el primer día se produjeron unas circunstancias procesales que cambiaron el rumbo de la historia.

El 14 de marzo de 2019, la SECCIÓN SEGUNDA DE LA AUDIENCIA PROVINCIAL DE A CORUÑA, constituida por la Ilma. Sra. Presidente doña María del Carmen Taboada Caseiro y los Ilmos. Sres. Magistrados, don Salvador—Pedro Sanz Crego –PONENTE– y doña María Dolores Fernández Galiño, dictaron la siguiente resolución en base a los siguientes hechos: Por resolución de 3 de octubre de 2018 se señaló el día 12 de marzo de 2019 para el inicio de las sesiones del juicio oral del Procedimiento Abreviado 86/2017 que se sigue ante esta Sección Segunda de la Audiencia Provincial de A Coruña. Llegado al citado día, iniciado el juicio, en el trámite de cuestiones previas, las defensas de Daniel Ogando de la Sierra, Daniel Ogando Ogando, Jorge Luis López Lago, Ramón Ramiro Vigo Sambade, José Caros Leis Caruncho y Juan Bautista Areas Lestón interesaron se decretara la nulidad de las actuaciones al haber quedado inservible diversa documentación perteneciente a la causa, según les había sido comunicado por Diligencias de ordenación dictadas en el rollo de Sala, así como la nulidad de las intervenciones telefónicas acordadas y de los subsiguientes registros domiciliarios. El Ministerio Fiscal, al despachar el traslado que a tal efecto le fue conferido, se opuso a las solicitudes de nulidad formuladas.

La Sala, al objeto de examinar las cuestiones planteadas, acordó la suspensión de la sesión durante una hora. Transcurrido ese plazo, y una vez reanudado el juicio, la Sala acordó, al estimar que las cuestiones planteadas debían ser resueltas con carácter previo y no en la sentencia, la suspensión del juicio para dictar la correspondiente resolución al respecto, decisión con la que tanto la acusación pública como las defensas de los acusados se mostraron conformes.

Los magistrados resolvieron y estimaron que la clave de la primera de las cuestiones debatidas, la validez o nulidad de las intervenciones telefónicas objeto de la causa, se encontraba, ya de inicio, en la legitimidad de las intervenciones telefónicas ya acordadas inicialmente por el juzgado instructor en las Diligencias Previas 536/2009, intervenciones que se acordaron, según se desprende del testimonio del Auto de fecha 19 de noviembre dictado en las citadas Diligencias Previas 536/2009 y que obran en la presente causa, con fecha 3 de agosto de 2009.

Cuando las intervenciones acordadas en un procedimiento trajeron causa o derivaron de las que se practicaron en otro procedimiento distinto, se puede plantear la necesidad de analizar la validez de las intervenciones del primer procedimiento para decidir sobre la validez de las practicadas en el segundo, ya que la nulidad de las primeras determinaría la nulidad de las segundas por el efecto de la nulidad refleja que proclama el artículo 11 de la LOPJ. Esta circunstancia obligaría a incorporar al segundo procedimiento la totalidad de los autos de intervención telefónica dictados en el primer procedimiento, así como la totalidad de los oficios policiales en los que dichos autos se apoyan, posibilitando de esta forma su estudio y análisis. Para resolver esta controversia, el Pleno no jurisdiccional de la Sala Segunda del Tribunal Supremo de 26 de mayo de 2009 alcanzó el siguiente acuerdo: en los procesos incoados a raíz de la deducción de testimonios de una causa principal, la simple alegación de que el acto jurisdiccional limitativo del derecho al secreto de las comunicaciones es nulo, porque no hay constancia legítima de las resoluciones antecedentes, no debe implicar sin más la nulidad. En tales casos, cuando la validez de un medio probatorio depende de la legitimidad de la obtención de fuentes de prueba en otro procedimiento, si el interesado impugna en la instancia la legitimidad de aquel medio de prueba, la parte que lo propuso deberá justificar de forma contradictoria la legitimidad cuestionada. Pero, si, conocido el origen de un medio de prueba propuesto en un procedimiento, no se promueve dicho debate, no podrá suscitarse en ulteriores instancias la cuestión de la falta de constancia en ese procedimiento de las circunstancias concurrentes en otro relativas al medio de obtención de las fuentes de aquella prueba. Para evitar estos problemas, y haciéndose eco de la doctrina jurisprudencial expuesta, la reforma de la Ley de Enjuiciamiento Criminal operada por Ley Orgánica 13/2015 de 5 de octubre ha introducido una nueva regulación en los artículos 539 bis y 588 bis i. La Sentencia del Tribunal Supremo 428/2014 de 20 de mayo al respecto, que, este excurso evidencia que la defensa cumplimentó esa carga de impugnación en un momento hábil: la audiencia preliminar del juicio oral. En ese instante, y no antes, emerge la carga de la acusación de acreditar la legitimidad de las escuchas telefónicas acordadas en causas diferentes.

Si se conviene, como hace la doctrina de esta Sala, que el inicio del juicio oral en el procedimiento abreviado es trámite apto para hacer tal alegación, será preciso reconocer a la contraparte la capacidad de aportar o recabar esos testimonios. Si no es razonablemente posible esa aportación en el momento o a lo largo del juicio oral, será necesario acceder a la suspensión o, en su caso, a la interrupción de las sesiones del juicio oral. Pero no puede escamotearse a la acusación la oportunidad real y no puramente teórica de rebatir documentalmente tal alegación sobre una, hipotética que no demostrada, irregularidad. En algunos casos, la gestión de esa incidencia puede ser extremadamente simple. Si se tratase de aportar el testimonio de una única resolución de un órgano radicado en la misma sede, puede reclamarse directamente o concederse al fiscal un breve aplazamiento o postergar las siguientes sesiones del juicio para permitirle recabar esos documentos testimoniados. En alguna ocasión, la sala que llevó el juicio convalidó la exigencia de que la copia estuviera testimoniada. En otros supuestos será inevitable, si no la suspensión, sí al menos un aplazamiento o distanciamiento de las sesiones para que pueda obtenerse la documentación necesaria. Habrá que estar a cada caso concreto.

No se puede olvidar que se está ante varias causas, seguidas en diversos juzgados, cuyo estado procesal se ignora. Algunas de esas causas se habían seguido en un órgano judicial radicado en otro territorio. No puede aducirse, seriamente, como hizo alguno de los recurridos, que la acusación pública debería haber reclamado esos testimonios dado que el juicio se prolongó a lo largo de varios días, para introducirlos a través de alguno de los portillos que abre el artículo 729 LECrim. No era exigible, ni seguramente factible, esa inusitada agilidad, en un caso como el presente, en el que es presumible que se trate de un volumen significativo de documentación: oficios que determinaron cada intervención; autos correspondientes; prórrogas sucesivas y conversaciones en las que se basaban esas prórrogas o ampliaciones; y, en su caso, resoluciones que habían puesto fin a cada una de las causas; sin ignorar la eventualidad de que, a su vez, en aquellos procedimientos las escuchas trajesen causa de otras diligencias diferentes que también habrían de ser aportadas para completar toda la cadena.

Si la sala no accediera a la razonada y razonable petición del Ministerio Fiscal, lo instalaba en una posición de indefensión; le negaba la capacidad para rebatir la hipotética ilegitimidad de las escuchas blandida en ese último instante hábil. Ni le era exigible que presumiese o adivinase, a partir de las impugnaciones genéricas, que esas defensas luego, desviándose de lo que cabalmente proclamaban sus escritos, iban a quejarse por la no aportación de los testimonios de las otras causas para fundar ahí la nulidad, inicialmente solo referida a causas inmanentes; ni, por tanto, que reclamase esa prueba documental, amplios testimonios, que legítimamente podía haber sido rechazada por la audiencia con el argumento de que no habían sido impugnados. Esa era la situación objetiva real: era indiferente que la suspensión, acordada anteriormente, lo fuera durante un año o durante una semana. Eso no cambiaba los términos en que estaban planteadas las cosas; tan solo despertaban lógicas reticencias a una nueva suspensión. Pero si procediera esa suspensión, no había más remedio que acordarla sin perjuicio de las repercusiones sustantivas que pudiera comportar, atenuante de dilaciones indebidas, siempre que se considerase que los retrasos no eran reprochables a la defensa. En este caso, por lo expuesto, procedía la suspensión.

En consecuencia, la sala estimó el recurso del Ministerio Público.

En el caso de autos, todas las defensas impugnaron las escuchas telefónicas alegando nulidad porque no constaba incorporado a las actuaciones el auto que por primera vez acordó la intervención de las comunicaciones en las Diligencias Previas 536/2009 ni tampoco los sucesivos autos de prórroga de las mismas hasta el auto de 19 de noviembre de 2009.

XVI

En el fundamento jurídico quinto del auto de 19 de noviembre de 2009, en atención a un oficio de esa misma fecha remitido al juzgado por la UDYCO, Unidad de Delincuencia y Crimen Organizado, de la Jefatura Superior de Policía de Galicia, se acordó, ya que los hechos puestos de manifiesto en el citado oficio, que podrían ser, según la calificación provisional efectuada en el citado auto, constitutivos de delitos de malversación de caudales públicos, falsificación documental y contra la hacienda pública, no guardaban relación con los hechos, un delito por tráfico de drogas, investigados en las citadas Diligencias Previas 536/2009, la incoación de nuevas diligencias previas tendentes a la averiguación y esclarecimiento de tales hechos y sus presuntos responsables, acordando a tal efecto la deducción de testimonio del citado auto y del mencionado informe policial para proceder a la apertura de nuevas diligencias previas, en el marco de las cuales habría que remitirse oficio a la Unidad Especial de Delitos Económicos de la Policía Nacional de A Coruña para que, previas las averiguaciones oportunas, ampliaran la información recabada en el curso de esas diligencias sobre los hechos delictivos nuevos, antes señalados, la identidad de los presuntos responsables y disponer de información más precisa sobre la gravedad de los hechos y valorar entonces con mayor y mejor criterio la posibilidad de adoptar medidas de investigación más contundentes, como pudiera ser la intervención telefónica. Por ello, en la parte dispositiva del mencionado auto de 19 de noviembre de 2009, el juzgado acordó librar los testimonios referidos en su fundamento jurídico quinto y dar cumplimiento a lo en él acordado.

El juzgado instructor, en el citado auto de 19 de noviembre de 2009, acordó también, respecto del teléfono intervenido a Jorge López Lago, investigado en las Diligencias Previas 536/2009 por su presunta participación en un delito de tráfico de drogas, ampliar el objeto de la intervención también al objeto de las intervenciones telefónicas, que en adelante, y a través del número referido, pueda el mismo mantener con otros sujetos implicados en alguno de los nuevos delitos descubiertos, si bien al no guardar los mismos, en principio, relación alguna de conexidad con el tráfico de drogas, el resultado de tales intervenciones habrá de incorporarse, mediante testimonio, a la nueva causa que se habrá de incoar para la investigación de tales delitos. Cabe, sin embargo, considerar que esta medida de ampliación del objeto de la intervención se acordó con la finalidad de que, mientras no se incoaran las nuevas diligencias previas a las que aludía el auto de 19 de noviembre, pudiera existir un lapso temporal en el que los presuntos delitos de malversación de caudales públicos, falsificación documental y contra la hacienda pública, en cuya comisión pudiera estar implicado Jorge Luis López Lago, no fueran objeto de investigación policial con el correspondiente control judicial.

En el caso de autos, no están incorporadas a la causa ni la solicitud inicial para la adopción de la medida de intervenciones de las comunicaciones telefónicas adoptadas en las Diligencias Previas 536/2009, ni la resolución judicial que acuerda la intervención, ni las peticiones y resoluciones judiciales de prórroga de las intervenciones recaídas en el procedimiento de origen, así como el resultado concreto de las diligencias practicadas en la causa matriz que fundamentó la apertura de la causa derivada. De este modo, pese a haberse impugnado la legitimidad de las injerencias en los derechos fundamentales, tanto en el momento de las cuestiones previas al inicio de las sesiones del juicio oral como, de modo genérico, en los escritos de defensa de los acusados Daniel Ogando de la Sierra y Daniel Ogando Ogando, se ha hurtado a este tribunal la posibilidad de valorar los resultados de tales diligencias en este procedimiento, estando ausentes de la causa los elementos de juicio necesarios para valorar la legitimidad de las escuchas acordadas en las Diligencias Previas 536/2009. Además, la indefensión es todavía mayor en el procedimiento de autos, teniendo en cuenta el modo confuso de acordar la intervención—prórroga de las conversaciones de Jorge López Lago, pues el auto de incoación de las Diligencias Previas 1001/2009, de las que dimana el presente procedimiento abreviado, tras la recepción del testimonio de particulares procedente de las Diligencias Previas 536/2009, dando cuenta de la comisión de un posible delito de falsificación de documentos, malversación y contra la hacienda pública, solo cuenta dar cumplimiento a lo tantas veces acordado en el tantas veces citado auto de 19 de noviembre de 2009, librando oficio a la Unidad Especial de Delitos Económicos de la Policía Nacional de A Coruña para que, previas las averiguaciones oportunas, ampliaran la información recabada en el curso de esas diligencias sobre los hechos delictivos nuevos antes señalados y la identidad de sus presuntos responsables, y ello con el fin de disponer de información más precisa sobre la gravedad de los hechos y valorar entonces con mayor y mejor criterio la posibilidad de adoptar medidas de investigación más contundentes como pudiera ser la intervención telefónica. En consecuencia, la resolución que incoa las citadas diligencias previas no acuerda la intervención telefónica de las conversaciones de Jorge Luis López Lago y tampoco ratifica la intervención de las citadas comunicaciones, acordada en las Diligencias Previas 536/2009 respecto a las conversaciones telefónicas que pueda mantener con otros sujetos implicados en alguno de los nuevos delitos distintos al delito contra la salud pública ya investigado en el citado procedimiento inicial. El citado oficio fue cumplimentado por la Unidad de Delitos Económicos de la Policía Nacional de A Coruña con fecha 18 de diciembre de 2009, en el que se interesa del juzgado conceda a la citada unidad autorización para la intervención de las comunicaciones telefónicas de Ramón Ramiro Vigo Sambade. El juzgado instructor, a la vista del contenido de esta comunicación y mediante auto de fecha 23 de diciembre de 2009, acordó la intervención de las comunicaciones telefónicas de Ramón Ramiro Vigo Sambade, alcalde del Ayuntamiento de Cee, sin que en el citado auto se acuerde tampoco la intervención de las comunicaciones de Jorge Luis López Lago, intervención que, debemos recordar, se había acordado en otra causa distinta mediante resolución de fecha 19 de noviembre de 2009 en relación con los delitos ya objeto de investigación en las Diligencias Previas 1001/2009. No es hasta el auto de fecha 25 de marzo de 2010 en el que el juzgado instructor acuerda, en su parte dispositiva, la ratificación de la medida de intervención de las comunicaciones telefónicas de Jorge Luis López Lago, intervención, que debe reiterarse, no había sido en ningún momento acordada en el seno de las Diligencias Previas 1001/2009 y sí en las originales Diligencias Previas 536/2009. De ahí que para examinar la validez de medio probatorio de cargo, intervenciones telefónicas en el presente procedimiento, sea necesario analizar la legitimidad de la obtención de las fuentes llevadas en la causa D.P. 536/2009, que no ha podido comprobarse por la falta de aportación, por la acusación, de la documentación necesaria a tal efecto, sin que el Ministerio Fiscal hubiera interesado la suspensión del juicio para aportar los testimonios de estas Diligencias Previas cuando se le dio traslado de las cuestiones planteadas por las defensas, ni cuando el tribunal interrumpió el juicio durante una hora para deliberar sobre las cuestiones previas planteadas, ni cuando suspendió el juicio para responder motivadamente por auto dichas cuestiones previas.

Los fiscales que llevan la acusación en casos de corrupción se jactan de que siempre ganan, aun en los casos de absolución, pues ya consiguieron la detención, el calabozo, las filtraciones y las fianzas u otras medidas cautelares. Si hablamos en términos deportivos han ganado cuatro a uno. Lo que resulta más grave es que nunca les condenen aunque sus denuncias se argumenten en base a procedimientos ilegales.

La sentencia del Tribunal Supremo 228/2017, de 3 de abril de 2017, precisa que, ante las peticiones de las defensas, era al Ministerio Fiscal al que correspondía la justificación y este en el caso concreto no solicitó que se unieran al proceso las resoluciones judiciales dictadas para autorizar las intervenciones de los teléfonos y las correspondientes prórrogas, ni tampoco el resultado concreto de esas intervenciones; matizando dicha sentencia que tal aportación pudo ser solicitada con anterioridad a la vista oral del juicio o incluso al inicio de esta como una cuestión previa. En el mismo sentido, la sentencia del Tribunal Supremo 44/2013, del 24 de enero, señaló que cuando, como consta expresamente en el caso actual, la parte acusada ha cuestionado expresamente al comienzo del juicio oral, como cuestión previa, la validez de las escuchas telefónicas, invocando precisamente como causa de nulidad la falta de fundamentación de las resoluciones judiciales al no constar en la causa los oficios policiales a los que se remiten, es claro que dicho cuestionamiento, expresado en tiempo hábil, impone a la acusación la carga de aportar la documentación pertinente al proceso, para acreditar que la injerencia en el derecho fundamental de los acusados se ha producido motivadamente.

El juicio oral se celebró el 8 de febrero de 2012, casi tres años después del acuerdo plenario de esta sala. Constaba por tanto al Ministerio Público y a la sala sentenciadora, como órgano de enjuiciamiento, el contenido de la doctrina unificada de esta sala en esta materia específicamente. No existía razón alguna que impidiese al Ministerio Público solicitar y a la sala acordar la pertinente suspensión para incorporar al proceso la documentación necesaria para poder constatar, o en su caso descartar, la eventual violación de un derecho constitucional. **Procede, en consecuencia, la estimación del motivo, declarando la nulidad** de las intervenciones telefónicas y de toda la prueba derivada de las mismas.

Como en un caso muy similar ha señalado de modo reciente la sentencia del Tribunal Supremo 817/2012, de 23 de octubre, la inacción de la acusación ha propiciado que el debate planteado por la defensa de los recurrentes no haya podido resolverse y quede sin respuesta la pretensión de la defensa de análisis de la injerencia. En consecuencia, la ausencia de incorporación de la documentación necesaria hace que el motivo propuesto deba ser estimado en este particular y en su consecuencia procede estimar la impugnación presentada por las defensas de los recurrentes y apartar del acervo probatorio las diligencias que traen causa, directa o indirecta, conforme al artículo 11 de la Ley Orgánica del Poder Judicial de la intervención telefónica, cuya depuración ha sido cuestionada por la defensa de los recurrentes en el momento del enjuiciamiento y que no ha podido ser controlada jurisdiccionalmente, pues quien intentó valerse de la prueba no la introdujo en el enjuiciamiento para el análisis de su regularidad.

De este modo, no constando ni como prueba ni como medio de investigación los testimonios de la causa matriz que permitieran valorar la legitimidad de las injerencias allí adoptadas, la consecuencia, en el presente procedimiento, es **declarar la nulidad por violación de derechos fundamentales de las intervenciones telefónicas practicadas.**

XVII

En relación con las escuchas telefónicas plantearon asimismo las defensas que, pese a establecer el auto de 19 de noviembre de 2009 que se oficiaría a la Unidad de Delitos Económicos y Fiscales para la realización de la intervención acordada, en relación con el acusado Jorge López Lago, tales intervenciones, dado que se siguieron practicando en las Diligencias Previas 536/2009, fueron llevadas a cabo por la Unidad contra la Delincuencia y el Crimen Organizado. Entendemos que tal cuestión, teniendo en cuenta la parte dispositiva del auto de 19 de noviembre de 2009, que establece que la intervención se llevará a cabo por los funcionarios de la Unidad de Delincuencia y Crimen Organizado, estableciendo asimismo el auto de 26 de enero de 2010 que se faculta a la Unidad de Delitos Económicos y Fiscales para las intervenciones telefónicas en él acordadas, no habrá de tener la trascendencia pretendida al no quedar concretada la lesión del derecho fundamental; con independencia de la confusión puesta de manifiesto en la presente resolución, siendo por tanto una cuestión de legalidad ordinaria que puede tener alcance en cuanto a la eficacia de la prueba, pero no conlleva la expulsión de la misma del procedimiento.

La sentencia del Tribunal Supremo 201/2006, de 1 de marzo, precisa que debemos distinguir en relación con la validez de las pruebas derivadas de intervenciones telefónicas aquellas derivadas de infracciones de alcance constitucional en relación con el derecho fundamental al secreto de las comunicaciones (acarrearán, sin duda, la nulidad absoluta de sus resultados como prueba, e incluso la eventual contaminación invalidante de las otras pruebas derivadas directamente de esta irregular fuente principal, a tenor de lo dispuesto en el artículo 11.1 de la Ley Orgánica del Poder Judicial, sentencia del Tribunal Supremo 999/2004 de 19 de septiembre), de aquellas las infracciones que tuvieren un mero carácter procesal, cuya consecuencia alcanzará tan solo al valor probatorio de los productos de la interceptación de las comunicaciones, manteniendo aún su valor como instrumento de investigación y fuente de otras pruebas de ella derivadas. En este sentido, hay que tener exclusivamente como infracciones de alcance constitucional, en la materia que nos ocupa, la ausencia de fundamento bastante de su autorización, la decisión del juez, por supuesto la absoluta ausencia del acuerdo judicial o los defectos trascendentales en el mismo, indeterminación de la clase de delito perseguido, de la identificación del sujeto pasivo o de los encargados de ejecutar la diligencia, de los números telefónicos a intervenir o de los límites temporales para la ejecución de los informes al juzgado por parte de los ejecutores de la práctica. También tendrán el mismo carácter las graves incorrecciones en la ejecución de lo acordado, que supongan una extralimitación en el quebranto en los derechos del afectado o de terceros, prórrogas temporales o extensiones a otros teléfonos no autorizados expresamente y, en definitiva, cualquier actuación de los investigadores que incumpla lo dispuesto por el instructor en cuanto a los límites constitucionalmente protegidos. Por el contrario, no transcienden de la condición de meras infracciones procesales, con el alcance y efectos ya señalados, otras irregularidades que no afecten al derecho constitucional al secreto de las comunicaciones y que tan solo privan de la suficiente fiabilidad probatoria a la información obtenida, por no gozar de la necesaria certeza y de las garantías propias del proceso o por sustraerse a las posibilidades de un pleno ejercicio del derecho de defensa al no ser sometido a la necesaria contradicción.

En relación con las intervenciones telefónicas, también se alegó falta de control judicial de las mismas, que las transcripciones de los fragmentos aportados a la causa fueron realizadas por la policía y que la fundamentación de la medida era vaga, errónea y falsa. No se apreció trascendencia constitucional en los alegados defectos en relación con las intervenciones telefónicas. El control de la intervención telefónica por parte de la autoridad judicial que la acordó constituye uno de los requisitos esenciales para la validez de la medida, de modo tal que su inobservancia determinará la nulidad de la intromisión en el derecho fundamental. Ahora bien, ese control judicial debe ser circunscrito a sus estrictos términos, de tal modo que será suficiente que la autoridad judicial que acordó la medida cuente con un conocimiento preciso y actual del desarrollo de la misma, conocimiento que vendrá dado por una regular rendición de cuentas de la unidad policial que lleve a cabo la medida, único extremo al que se extiende la exigencia jurisprudencial del control judicial. Así, la Sentencia del Tribunal Supremo 40/2009, de 28 de enero, establecía que todas las resoluciones iban precedidas por informes policiales que relataban con precisión el resultado de la observación. En todos los autos de intervención o prórroga se indicaba la obligación de la policía de aportar la transcripción de las conversaciones y cintas originales. En las actuaciones consta la remisión por la policía de las transcripciones y de las cintas, así como las diligencias de recepción. Las cintas llegaban al juzgado con posterioridad a la prórroga de las intervenciones, pero ese hecho carece de trascendencia según la jurisprudencia constitucional (ver a modo de ejemplo la Sentencia del Tribunal Constitucional 205/2005, que dice que siempre que el juez disponga de puntual información sobre su progreso y desarrollo, como hemos afirmado). En el caso de autos, todos los discos con la grabación de las conversaciones están incorporados a la causa, incluso las conversaciones obtenidas por Auto de 19 de noviembre de 2009 relativas al acusado Jorge Luis López Lago, acordadas en las Diligencias Previas 536/2009. Por lo tanto, ninguna indefensión se ha producido para las defensas que han tenido a su disposición los discos con todas las conversaciones, además de la transcripción de aquellas que se consideraron relevantes por la policía actuante.

En cuanto a la alegada falta de documentación, nos remitimos a lo expuesto anteriormente, teniendo en cuenta que no se ha podido realizar el necesario juicio de proporcionalidad en relación con los indicios concurrentes que justificarían la intervención telefónica inicial y las posteriores prórrogas en las Diligencias Previas 536/2009, y de hecho la defensa de uno de los imputados en aquella causa planteó la nulidad del Auto de 3 de agosto de 2009, que fue resuelta por Auto de esta Sección de 5 de noviembre de 2018, en el sentido de que dicha cuestión habría de dilucidarse en las cuestiones previas del juicio oral. No pudiendo realizar tal juicio de ponderación, no corresponde entrar en el análisis de la trascendencia de los indicios; de igual modo respecto a la falta de proporcionalidad en relación con los delitos objeto de investigación y los, posteriormente, objeto de acusación.

XVIII

Se alegó también por las defensas que, tal y como fue notificado mediante Diligencias de fecha 10 de julio de 2018 y 7 de marzo de 2019, parte de la documentación y piezas de convicción del presente documento han resultado afectadas como consecuencia de la inundación de los archivos de este Tribunal. Tal alegación podría tener relevancia en el momento probatorio, en el supuesto de que se pretendiera fundamentar la acusación en algún documento o pieza de convicción que no esté a disposición del Tribunal durante el juicio.

Se alegó también vulneración del derecho al juez ordinario predeterminado por la ley al no enviar el procedimiento que dio lugar a las Diligencias Previas 1001/2009 a reparto, continuando las mismas en el juzgado que ya estaba conociendo las Diligencias Previas 536/2009. No hay la violación del derecho al juez ordinario predeterminado por la ley, que proclama como fundamental el artículo 24.2 de la Constitución Española, ya que las normas de reparto no afectan al mismo, pues todos los jueces gozan de la misma cualidad de juez ordinario; aquel derecho viene referido al órgano jurisdiccional y no a las diversas Secciones de una Audiencia Provincial y así, como dice la Sentencia 7/2003, del 25 de febrero, del Tribunal Constitucional, el haberse remitido el conocimiento del asunto a otra Sección distinta de la cual inicialmente le había correspondido en virtud de lo establecido en una norma de reparto de carácter general y que tiene carácter objetivo, no puede apreciarse la vulneración del derecho al juez predeterminado por la ley invocada.

Alegaron también las defensas vulneración del derecho a la tutela judicial efectiva por haberse acordado, en su día, dividir la causa principal en cuatro piezas separadas, según los ayuntamientos afectados, de modo que dos de ellas han sido archivadas y en una tercera se celebró vista que fue absolutoria. No se aprecia indefensión alguna en la decisión de dividir la macrocausa en cuatro procedimientos distintos por el hecho de que en tres de ellos no se haya producido una sentencia condenatoria. Este es un elemento circunstancial y por supuesto posterior a aquel en que se acordó la división de la causa principal en cuatro piezas separadas, y de hecho el destino de tres de ellas tampoco ha sido el mismo, pues si bien no han concluido con Sentencia condenatoria, dos de ellos ya ni siquiera llegaron a la fase de juicio oral.

Alegaron también las defensas que la nulidad de las intervenciones conlleva la nulidad del resto de la prueba practicada, y en el mismo sentido el Ministerio Fiscal, que además solicitó se resolviera sobre las cuestiones previas por Auto y no en la Sentencia definitiva, respecto a las diligencias de entrada y registros en domicilios, precisando que si se declaran nulas las intervenciones telefónicas retiraría las acusaciones, excepto la relativa a Juan Bautista Areas Lestón.

La prohibición de valorar la prueba indirecta o refleja que establece el artículo 11 de la Ley Orgánica del Poder Judicial en los casos en los que la intervención de comunicaciones se haya llevado a cabo con vulneración de derechos fundamentales, no es absoluta o ilimitada, sino que sufre diversas correcciones derivadas de la teoría de la conexión de antijuridicidad establecida por nuestro Tribunal Constitucional. A ella se refiere con cierta nitidez la Sentencia del Tribunal Supremo 811/2012, de 30 de octubre, cuando establece que la conexión de antijuridicidad, también denominada prohibición de valoración, supone el establecimiento o determinación de un enlace jurídico entre una prueba y otra, de tal manera que, declarada la nulidad de la primera, se produce en la segunda una conexión que impide pueda ser tenida en consideración por el Tribunal sentenciador a los efectos de preservar la presunción de inocencia del acusado. La prohibición de valoración se encuentra anclada constitucionalmente en el derecho a un juicio con todas las garantías, que impide la utilización de un medio probatorio en cuya obtención se haya producido una vulneración de derechos constitucionales, y su concreción legal se establece en el artículo 11.1, inciso segundo, de la Ley Orgánica del Poder Judicial, por el que no tendrán efecto las pruebas obtenidas, directa o indirectamente, violentando los derechos o libertades fundamentales. Ahora bien, el efecto directo y el indirecto tienen significación jurídica diferente. En principio, no podrán ser valoradas, si se quiere no surtirán efecto, en la terminología legal, aquellas pruebas cuyo contenido derive directamente de la violación constitucional. Por ejemplo, en el caso de que se declare la infracción del derecho al secreto de las comunicaciones, directamente no es valorable el contenido de tales escuchas, es decir, las propias conversaciones que se hayan captado mediante algún procedimiento de interceptación anticonstitucional. En el supuesto de que lo conculcado sea la inviolabilidad del domicilio, no podrá ser valorado el hallazgo mismo obtenido por tal espuria fuente. En el mismo sentido la Sentencia del Tribunal Supremo 605/2010, de 24 de junio.

A la vista de lo expuesto y teniendo en cuenta que las intervenciones telefónicas que sucesivamente se fueron acordando constituyeron la fuente de información que a su vez determinó los autos de entrada y registros domiciliarios, estos han de declararse igualmente nulos por conexión de antijuridicidad con la prueba ilícitamente practicada.

Dicha nulidad no la extendieron a la prueba de confesión judicial, sin perjuicio, por lo tanto, de su valoración según lo que resulte de la prueba que, en su caso, se practique en el plenario. Uno de los supuestos admitidos por nuestra jurisprudencia en el que puede ser valorada la prueba por no existir conexión de antijuridicidad es el de la confesión de los hechos delictivos por el acusado. Ahora bien, no es suficiente cualquier confesión, sino que es necesario que concurran una serie de requisitos a los que se refiere muy precisamente la Sentencia del Tribunal Supremo 511/2015, de 21 de julio, señalando que la doctrina de la Sala viene admitiendo que la prueba de confesión del inculpado puede, excepcionalmente y en determinadas condiciones, considerarse desconectada jurídicamente de la prueba precedente declarada nula. Para ello, es necesario que se acredite que dicha declaración se hubiese efectuado, previa información de los derechos constitucionales del inculpado, entre los que se encuentra el de guardar silencio o negarse a contestar, con asistencia de su letrado, mediante una declaración plenamente voluntaria, sin vicios ni situaciones sugestivas que puedan alterar su espontaneidad, teniendo por escenario el plenario o acto del juicio oral, por ser en ese momento donde tales derechos y garantías se desarrollan en la mayor extensión, con el conocimiento de que se ha planteado por la defensa la posible anulación de la prueba de la que pudiera proceder el conocimiento inicial determinante de la imputación, de manera que pueda verificarse que la confesión fue espontánea, y de la libre voluntad autodeterminada del acusado y no viciada por la realidad derivada del resultado de la prueba ilícita, Sentencia del Tribunal Supremo 2/2011, de 15 de febrero, del Pleno de la Sala; 912/2013, de 4 de diciembre y 649/2013, de 11 de junio.

Por todo lo que antecede y que se dejó expuesto, la Sala, en su parte dispositiva, acordó declarar la nulidad de las intervenciones telefónicas y de las prórrogas acordadas en la causa, así como de las acordadas en el auto de 19 de noviembre de 2009 y sus prórrogas, en las Diligencias Previas 536/2009, así como la intervención de las conversaciones telefónicas de Jorge Luis López Lago que sirvieron de fundamento a dicho auto de 19 de noviembre de 2009 y que figuran incorporadas a la causa.

Se declararon nulos, por conexión de antijuridicidad, todos los registros domiciliarios practicados.

Respecto a las demás cuestiones, se remitieron a lo expuesto en la fundamentación jurídica de la resolución.

Contra esa resolución no cupo la interposición de recurso alguno, aunque dejó abierta la puerta a la posibilidad de su impugnación, en su caso, de modo conjunto con la sentencia que se dictara en el procedimiento.

XIX

El 28 de junio de 2019, la Sección Segunda de la Audiencia Provincial de A Coruña, presidida por la Ilma. Sra. doña María Carmen Taboada Caseiro, acompañada por los Ilmos. Sres. magistrados, don Salvador Pedro Sanz Crego y doña María Dolores Fernández Galiño, pronunció en nombre de Su Majestad el Rey sentencia en causa vista por esa Sección en juicio oral y público, en base a los siguientes antecedentes de hecho. La causa de referencia se incoó por auto de fecha 3 de diciembre de 2009 dictado por el Juzgado n.º 2 de Corcubión, que por auto de 16 de noviembre de 2015 acordó continuar con el trámite de las actuaciones por las del procedimiento abreviado, elevando lo actuado a esa Sala; habiéndose seguido su tramitación de conformidad a las leyes procesales, señalándose fechas para la celebración del juicio oral, al que se dio inicio el día 12 de marzo de 2019 con la asistencia de las partes y de los acusados. Las siguientes sesiones se celebraron los días 26 de marzo y 2 de mayo de 2019; se practicaron en él las pruebas propuestas, con el resultado que consta en las grabaciones audiovisuales que al efecto se extendieron y que obran unidas a las actuaciones.

El Ministerio Fiscal, que ejerció la acusación pública, estuvo representado por la Ilma. Sra. doña Luisa María Suárez Cabo, quien, en sus conclusiones definitivas, fue a calificar los hechos como constitutivos de los siguientes delitos: prevaricación administrativa, falsedad en documento oficial, cohecho pasivo, infidelidad en la custodia de documentos, exacciones ilegales, cohecho activo y tráfico de influencias.

Las defensas de los acusados, a la sazón, don Antonio Miguel Platas Casteleiro, don José Luis Prieto Flores, don Pedro Blázquez Fragoso, don Pedro Fernández Pombo y don Felipe Mayán Quintela, en sus conclusiones definitivas, solicitaron la libre absolución de sus respectivos defendidos, y de manera subsidiaria, y para el caso de condena, la concurrencia de la circunstancia atenuante de dilaciones indebidas como muy cualificada.

Apreciada en conciencia la prueba practicada, expresó y terminantemente se declaró probado que:

Por auto de fecha 3 de diciembre de 2009, tras la recepción por el Juzgado de Primera Instancia e Instrucción n.º 2 de Corcubión de un testimonio de particulares procedente de las Diligencias Previas 536/2009 seguidas ante ese mismo Juzgado, dando cuenta de un posible delito de falsificación de documentos, malversación y contra la hacienda pública, se incoaron por el mencionado Juzgado las Diligencias Previas 1001/2009, acordándose en el auto de actuación librar oficio a la Unidad de Delitos Económicos de la Policía Nacional de A Coruña para que, previas las averiguaciones oportunas, ampliara la información recabada sobre los nuevos hechos delictivos y la identidad de sus presuntos responsables, y ello con el fin de disponer de información más precisa sobre la gravedad de los hechos y valorar entonces con mayor y mejor criterio la posibilidad de adoptar medidas de investigación más contundentes, como pudiera ser la intervención telefónica.

El citado oficio fue cumplimentado por la Unidad Especial de Delitos Económicos de la Policía Nacional de A Coruña con fecha 18 de diciembre de 2009, en el que interesó del Juzgado concediera a la citada unidad autorización para la intervención de las comunicaciones telefónicas de Ramón Ramiro Vigo Sambade, lo que así se autorizó por el Juzgado instructor mediante auto de fecha 23 de diciembre de 2009.

Tras sucesivas prórrogas y nuevas autorizaciones de intervención de las comunicaciones telefónicas de diferentes imputados en estas Diligencias Previas, finalmente, por auto de fecha 31 de enero de 2011, el Juzgado instructor acordó la entrada y registro en diferentes domicilios particulares y de entes públicos, entre ellos el ayuntamiento de la localidad de Cee, A Coruña, el domicilio particular de Ramón Ramiro Vigo Sambade, el despacho privado profesional de Ramón Ramiro Vigo Sambade, el domicilio particular de Jorge Luis López Lago, el domicilio de la mercantil Construcciones D. Ogando SL, y el domicilio particular de Daniel Ogando Ogando y Daniel Ogando de la Sierra.

Los hechos enjuiciados y declarados probados no son constitutivos de los delitos por los que el Ministerio Fiscal formuló, en sus conclusiones definitivas, petición de condena.

A este pronunciamiento absolutorio se llegó teniendo en cuenta el contenido tanto del auto de fecha 14 de marzo de 2019 que resolvió las cuestiones previas formuladas por las defensas de los acusados, auto que, complementado por otro de fecha 5 de abril de 2019, declaró la nulidad de las intervenciones telefónicas y de las prórrogas acordadas en la causa, así como de las acordadas en el auto de 19 de noviembre de 2009 y sus prórrogas, en las Diligencias Previas 536/2009, así como de la intervención telefónica de Jorge Luis López Lago que sirvieron de fundamento a dicho auto de 19 de noviembre de 2009 y que figuraban incorporadas a la causa, declarando asimismo nulos, por conexión de antijuridicidad, todos los registros domiciliarios practicados, como el resultado ofrecido por las pruebas, no afectadas por la anterior declaración de nulidad, practicadas en el plenario.

En el auto de 26 de enero de 2010, que autorizó tanto la prórroga de la intervención de las comunicaciones telefónicas de Ramón Ramiro Vigo Sambade como la intervención de las comunicaciones de Carlos Rey Paz, se acuerda, no en su parte dispositiva, sino en sus fundamentos de derecho, folio 63 de la causa, tras señalar que el auto de 19 de noviembre de 2009 dictado en las Diligencias Previas 536/2009 había acordado ampliar el objeto de la investigación, inicialmente previsto en exclusiva para un delito de tráfico de drogas, a los nuevos delitos de falsificación documental, contra la administración pública y contra la hacienda pública, y tras precisar que tal medida había de ser mantenida y, si bien por obvias razones operativas no era posible volver a acordar la intervención de una línea de teléfono que ya está siendo intervenida en otras diligencias, máxime cuando en ambos casos el grupo policial investigador era el mismo, que procedía en ese marco ratificar la decisión en su día acordada en el auto de fecha 19 de noviembre de 2009 dictado en las Previas 536/2009, manteniendo la intervención allí acordada del señor Jorge Luis López Lago en el uso del cual se han descubierto los indicios que motivaron la incoación de las nuevas diligencias.

Esta decisión no fue compartida por la Sala por cuanto, si bien técnicamente puede no ser factible realizar una intervención simultánea de un mismo teléfono por dos fuerzas policiales diferentes, cuestión distinta es que cada intervención deberá ser acordada por el Juzgado de Instrucción competente en resolución dictada en sus correspondientes Diligencias Previas por él instruidas, y a él deben dar cuenta las fuerzas policiales de la intervención, no siendo por otra parte los mismos los presupuestos en una intervención telefónica por la presunta comisión de un delito por tráfico de drogas que los que justifican la intervención por la presunta comisión de unos delitos de falsificación documental, contra la administración pública y contra la hacienda pública, y lo mismo sucede cuando, a la vista del resultado ofrecido por la citada intervención, deba adoptarse la decisión de acordar o no su prórroga, pues se debe reiterar, los presupuestos no son los mismos. A lo que cabe añadir, pese a lo acordado en el Auto de 26 de enero de 2010, que no se incorporó en ese momento a la causa la transcripción de las conversaciones intervenidas a Jorge López Lago, y lo mismo sucede en los autos de 25 de febrero de 2010, 24 de marzo de 2010 y 22 de abril de 2010, entre otros, sobre la ratificación de la intervención de las comunicaciones telefónicas de Jorge López Lago acordada en el Auto de fecha 19 de noviembre de 2009 dictado en las Previas 536/2009.

En consecuencia, lo anteriormente expuesto reforzó la decisión que se adoptó de declarar la nulidad de las intervenciones telefónicas y de las prórrogas adoptadas en la causa, así como de las acordadas en el Auto de 19 de noviembre de 2009 y sus prórrogas, en las Diligencias Previas 536/2009, así como de la intervención de las comunicaciones de Jorge Luis López Lago que sirvieron de fundamento a dicho Auto de 19 de noviembre de 2009 y que figuran incorporadas a la presente causa, así como la nulidad, por conexión de antijuridicidad, de todos los registros domiciliarios practicados.

Se analizó si había alguna diligencia de investigación practicada en la fase de instrucción que no se encontrara afectada por el citado vicio de nulidad, en particular la declaración prestada ante el Juzgado instructor por el investigado Juan Bautista Areas Lestón y que el Ministerio Fiscal estimó que constituía una confesión de los hechos imputados al citado investigado, cuestión a la que debe darse una respuesta negativa.

En primer lugar, la citada declaración realizada el 4 de febrero de 2011, en la que Juan Bautista Areas Lestón ratificó lo que previamente había declarado ante la policía el día 3 de febrero de

2011, declaración en la que, examinada, se observa que el investigado no reconoce en ella el haber cometido ningún ilícito penal.

Como señaló la Sentencia del Tribunal Supremo 623/2018, del 5 de diciembre de 2018, el problema se presenta respecto a la determinación de lo que deba entenderse por pruebas obtenidas, directa o indirectamente, violentando derechos o libertades fundamentales, cuestión que fue resuelta a través de la doctrina de la conexión de antijuridicidad cuyo contenido se encuentra expuesto en las Sentencias del Tribunal Constitucional 81/98, 49/99, 8/2000, 138/2001 y de la Sala actuante la 998/2002, de 3 de junio, 1011/2002, de 28 de mayo, 1152/2002, de 19 de junio, 1989/2002, de 29 de noviembre y la discrepante Sentencia del Tribunal Supremo 58/2003 de 22 de enero, de las que surgió el necesario espacio de seguridad jurídica en la interpretación de la causalidad entre la prueba ilícita y la derivada.

En todas ellas se afirmó la desconexión de la confesión del acusado con las pruebas irregulares e ilícitas, normalmente las intervenciones telefónicas y las entradas y registros, toda vez que el haz de garantías que rodeó a la declaración del imputado, entre ellas, el derecho a no declarar, la asistencia letrada y demás procedentes en derecho, la salvaguardaron de la vulneración anterior de otro derecho constitucional, precisamente por la naturaleza reconstructiva de la prueba en el proceso penal cuya función es reconstruir un hecho ya acaecido anteriormente para lo que han de aportarse, obviamente, las pruebas obtenidas de forma ilícita, contrarias al carácter formalizado del proceso penal, y las derivadas de ellas.

De esta construcción son excepción los supuestos en los que el atentado al derecho fundamental sea particularmente grave, en los que la necesidad de proteger el contenido esencial del derecho fundamental haga aconsejable negar a la prueba derivada, en causalidad natural, virtualidad probatoria en la reconstrucción del hecho.

Existe una Sentencia de la Sala, del 4 de abril de 2003, que declaró que la nulidad de la declaración autoincriminatoria en sede policial arrastró por conexión a la siguiente declaración en sede judicial, también incriminatoria, formalmente válida, pero que se estimó nula por la proximidad temporal entre ambas, y se consideró que por esa razón la nulidad de la primera declaración abarcó también a la declaración judicial.

La mayoría de la Sala se inclinó por respetar el principio general establecido por el Tribunal Constitucional: la conexión causal es insuficiente para extender la invalidez de una diligencia de investigación a la confesión efectuada posteriormente y realizada con todas las garantías, aunque se aprecie que sin aquella diligencia inválida no se hubiese prestado esa declaración autoincriminatoria.

Sin embargo, cuando se trata de declaraciones sumariales temporalmente cercanas al hecho cuya existencia se ha obtenido con la prueba que luego se declara nula, en esos casos, tanto si la declaración es policial como si es sumarial, la existencia del objeto obtenido ilícitamente condiciona la declaración del imputado, que tiende naturalmente a organizar su defensa partiendo de una realidad que en ese momento no se encuentra en situación de cuestionar. En algunos casos, en el momento en que se le recibe declaración, ni el imputado ni su defensa han tenido oportunidad de conocer las condiciones en que tal objeto ha sido conocido, obtenido e incorporado su existencia al proceso. Por ello, es preciso un examen detenido de cada caso para determinar si puede afirmarse que la confesión realizada lo fue previa información y con la necesaria libertad de opción y no de forma condicionada por el hallazgo cuya nulidad se declara posteriormente.

En el caso que nos ocupa, se estimó que existía conexión de antijuridicidad entre el reconocimiento realizado por el investigado Juan Bautista Areas Lestón, en declaración prestada escasos días después de haberse llevado a cabo las diligencias de entrada y registro declaradas nulas, en el seno de unas Diligencias Previas declaradas secretas, con la vulneración de derechos declarada por el Tribunal en el Auto de 14 de marzo de 2019, anteriormente explicado pormenorizadamente.

Como señaló la Sentencia del Tribunal Supremo 651/2018, de 14 de diciembre de 2018, en este punto, debemos preguntarnos: si el resto de pruebas valoradas por el Tribunal son independientes, como ejemplos jurisprudenciales, antes expuestos, que se utilizan para activar la ruptura del nexo de antijuridicidad entre la prueba ilícita y la reflejada, nos encontramos con el hallazgo casual, la ponderación de intereses o la autoincriminación en el plenario del imputado.

Ninguno de estos criterios idóneos para excluir la conexión de antijuridicidad concurren en el caso, ni son analizados por el Tribunal de instancia, si bien se valora en la sentencia que el coacusado en su declaración sumarial, en ningún momento ha llevado a cabo autoincriminación alguna.

Como consecuencia de lo anterior, solo cabe afirmar en concordancia con la ilicitud de las intervenciones telefónicas declaradas por el Tribunal, que también son ilícitas las declaraciones de acusados, testificales de los agentes de la Guardia Civil, documentales que directa o indirectamente se derivaron de las mismas, ya que no deben surtir efecto las pruebas obtenidas, directa o indirectamente, violentando los derechos o libertades fundamentales, y en el caso se declaró infringido el derecho fundamental al secreto de las comunicaciones, artículo 18.3 de la Constitución Española en relación con el artículo 11.1 de la Ley Orgánica del Poder Judicial, y también el derecho a un proceso con todas las garantías, artículo 24.2 de la Constitución Española.

A lo que cabe añadir que, como se puso antes de manifiesto, en la declaración prestada por Juan Bautista Areas Lestón en calidad de detenido en dependencias policiales, declaración posteriormente ratificada ante el Juzgado Instructor, el investigado no reconoció haber llevado a cabo ninguna conducta merecedora de reproche penal.

Por todo lo que antecede y se dejó expuesto, el Tribunal dictó el siguiente fallo:

Que DEBEMOS **ABSOLVER Y ABSOLVEMOS** a los acusados ÁNGEL DANIEL OGANDO DE LA SIERRA, DANIEL OGANDO OGANDO, JORGE LUIS LÓPEZ LAGO, RAMÓN RAMIRO VIGO SAMBADE, JOSÉ CARLOS LEIS CARUNCHO y JUAN BAUTISTA AREAS LESTÓN de los delitos cuya comisión les venía respectivamente siendo imputada, con declaración de oficio de las costas procesales que se hubieran podido devengar en esa instancia.

La Sala solo dejó abierta la posibilidad de interponer recurso de casación por infracción de ley y/o quebrantamiento de forma ante el Tribunal Supremo, previa su preparación ante esa Sección de la Audiencia, a medio de escrito, con firma de letrado y procurador dentro de los cinco días siguientes al de la última notificación.

Así, por Sentencia: 00299/2019, lo pronunciaron, mandaron y firmaron.

El 16 de septiembre de 2019, la Sección Segunda de la Audiencia Provincial de A Coruña dictó la presente resolución en base a los siguientes hechos: en la causa de Procedimiento abreviado 86/17—R se dictó sentencia absolutoria que se notificó al Ministerio Fiscal y demás partes personadas, transcurrido el plazo legal sin que se interpusiera recurso alguno contra la misma y dado que el artículo 141 de la Ley de Enjuiciamiento Criminal señala que son **SENTENCIAS FIRMES** aquellas contra las cuales no cabe recurso ordinario ni extraordinario, disponiendo a su vez el artículo 988 de la misma ley procesal que cuando una sentencia sea firme se declarará así, procediéndose seguidamente a su ejecución. Si bien en el caso que nos ocupa, por ser la sentencia absolutoria, lo que procede es el archivo de las actuaciones dejando sin efecto, en su caso, las medidas cautelares que se hubieran podido adoptar en el curso del proceso.

Por cuanto se dejó expuesto, la Sala acordó que se declarase FIRME la sentencia dictada en fecha 28 de junio de 2019, en esta causa.

Que se procediera a la devolución de las fianzas prestadas en su día y para ello que se le expidiera por la señora letrada los correspondientes mandamientos de pago; o si lo consideraran procedente, podrían indicar el número de cuenta en el que desearan se le efectuase la transferencia de las mismas.

Verificado lo anterior y siendo absolutoria la misma, se procederá, una vez notificada la presente, al **ARCHIVO DEFINITIVO** de la causa, dejando nota bastante en el libro de su razón.

Por decreto de fecha 14 de octubre de 2019, la Sala acuerda el **ARCHIVO DEFINITIVO** de las actuaciones, dejando nota bastante en el libro—registro, así como en el sistema informático, y la notificación de la resolución al Ministerio Fiscal y a la representación procesal de los acusados absueltos y, una vez verificado, pase todo al ARCHIVO con los de su clase y año.

Así lo acordó, mandó y firmó la letrada de la Administración de Justicia de esta Sección, doña Carmen Iglesias Fungueiro.

Decía Santa Teresa de Jesús que Dios escribe derecho en renglones torcidos, con lo que pretendía exponer que Dios nos pide rectificar algo que ha empezado mal. Así, la Sección Segunda de la Audiencia Provincial de A Coruña corrigió con su sentencia absolutoria en el Caso Orquesta lo que se inició mal con la investigación, instrucción y dictado del primer auto de procedimiento abreviado en el Juzgado de Primera Instancia e Instrucción n.º 2 de Corcubión.

Rectificó y afeó el *modus operandi* del juez Andrés Lago Louro, de la Fiscalía y de la policía, dejando de manifiesto en la descripción de los hechos, en la fundamentación jurídica y en la parte dispositiva de su sentencia la mala praxis, que vició desde el principio todo el procedimiento.

En el artículo 446 de los delitos contra la administración de justicia se dice que es un delito que cometen los jueces o magistrados dictar una sentencia o resolución manifiestamente injusta a sabiendas de su injusticia. Se contempla también la prevaricación judicial por imprudencia grave o ignorancia inexcusable. La sentencia o resolución injusta puede basarse en defectos de fondo o razones de forma o procedimiento. Existe un elemento subjetivo, que es la consideración de que la decisión errada se tome a sabiendas. Lo justo o injusto no depende de la íntima voluntad del juez de transgredir la norma, sino de cómo la aplica, si acude a fuentes de interpretación válidas y admisibles y es injusta cuando se separa de ellas.

El juez Lago Louro no era un principiante en el ejercicio de sus funciones y tenía un perfecto conocimiento del proceso de intervención de las comunicaciones telefónicas y sus preceptivas prórrogas que se declararon nulas en la causa, e incluso da la sensación en sus autos de que intenta disimular los errores cometidos en la autorización de las actuaciones. Todos tenemos derecho a la presunción de inocencia, incluso el juez; pero, analizado pormenorizadamente su proceder, es razonable afirmar que el juez Andrés Lago Louro presuntamente prevaricó en el ejercicio de su autoridad.

Diferente cuestión es el tratamiento que se dio en los medios de comunicación a las escuchas telefónicas declaradas nulas, especialmente en la radio Ser Nordés con el beneplácito de su director, en ese momento un individuo conocido con el sobrenombre de Pepe Jabalí, un mediocre pinchadiscos autoproclamado periodista y que hoy ejerce como hostelero consorte en Fisterra y Muxía. En esta emisora, una vez abierto el secreto del sumario, se comenzaron a emitir unas parodias sobre el contenido de las escuchas que se prolongaron durante días, trasladándole a los oyentes un contenido sobre el que se declaró, posteriormente, la nulidad. Sería más interesante que la opinión pública supiera el contenido de las conversaciones que mantuvo la hermana del fallecido Ángel Gómez Hervada con este homínido y tras las cuales causó baja laboral y posteriormente cesó su actividad en la cadena.

SEXTA PARTE
EN EL NOMBRE DEL
PADRE, DE LA HIJA Y
DEL ESPÍRITU SANTO

XX

En 1980 se produjo el asesinato de los marqueses de Urquijo en Madrid. Se acusó de haberlo perpetrado a su yerno Rafi Escobedo, quien fue condenado con una sentencia, cuando menos, curiosa: el doble crimen lo había cometido solo o en compañía de otros. Si esto lo trasladamos a la Operación Orquesta, podemos preguntarnos si la cabeza pensante actuó solo o en compañía de otros, porque son varias las personas de la judicatura, fiscalía, policía y políticos socialistas que aparecen, presuntamente, en la cúspide ideológica de la trama despiezada y arrojada al limbo de los justos, pero que señaló a 28 políticos, empresarios de la construcción y del espectáculo, funcionarios públicos y profesionales liberales para sufrir el peso de la justicia sobre sus cabezas durante mucho tiempo, en seis casos durante más de ocho años y medio.

La sucesión de los hechos indujo a pensar que la llamada Operación Orquesta fue un caso pensado y orquestado para mi derribo político ante las encuestas encargadas por el Partido Socialista de Galicia para valorar la opinión de los ciudadanos sobre los diferentes candidatos a las alcaldías y sus posibles resultados en las elecciones municipales que se celebraron en mayo de 2011. Conservo una de ellas, que llegó de forma casual a mis manos y en la que, al igual que el resto, los ceenses consideraban que era el mejor candidato, valoraban con una nota alta mi gestión y consideraban que ganaría las elecciones. La encuesta apuntaba a una más que probable mayoría absoluta de las que en Cee solo se produjeron en las elecciones de 1983, 2003, ahora en 2023, y que no parece previsible que se produzcan en los próximos años.

Esa previsión movilizó al socialismo con el objetivo de atraerme hacia sus filas. El primero que contactó conmigo fue el duradero alcalde de Dumbría, José Manuel Pequeño, a día de hoy exalcalde, por propia voluntad, que ya lo había intentado en las elecciones de 2007, circunstancia que en aquel momento frustró el lamelismo, corriente interna que domina el Partido Socialista en Cee desde 1979 y que lidera el exalcalde Manuel Lamela, quien promovió a una compañera en el 2007, como paso intermedio para lanzar a su hija Margarita, y que por el motivo que fuese no consideró propicio que se presentase en esas elecciones: no sabemos si su objetivo era que lo hiciese en el 2011, pero sí que el revuelo de la Operación Orquesta frenó el salto al ruedo político local.

Pequeño habló conmigo y, además de agradecerle su propuesta, le expuse las razones de mi negativa a aceptarla, razones ya relatadas en este libro. Pienso que no se dio por vencido y que habló con el, en aquel entonces, presidente de la Diputación de A Coruña, Salvador Fernández Moreda, pues conocía mi afecto por su persona y la alta consideración política que tenía por su trayectoria, gestión y deferencia permanente con la Costa da Morte. En mi escala de valores, junto a Enrique Marfani Oanes, fueron los dos grandes presidentes de la Diputación de A Coruña en la democracia española. Posiblemente fuese el único socialista que podría convencerme; aun así, le dije que no, sensiblemente disgustado por no poder complacer su petición. En el transcurso de esa reunión, celebrada en el despacho presidencial, me trasladó, como ya comenté anteriormente, que se había reunido con Manuel Lamela para adelantarle la propuesta que me iba a hacer, sorprendiéndose de la vehemente negativa de Lamela a la misma, actitud que apoyó diciendo que había unos dosieres que me incriminarían penalmente. Recibió como respuesta de Moreda, desconocedor absoluto del asunto, que si tenía pruebas de que yo era un corrupto que me denunciara en el juzgado, para rematar diciéndome que Lamela era un sinvergüenza. El relato que hago a un tercero de esta entrevista forma parte de las escuchas de la policía anuladas por la Audiencia Provincial de A Coruña.

Aquí surge el primer indicio de que una o varias personas estaban planeando complicarme la vida con el propósito de perjudicar o más bien finiquitar mi carrera política. No tiene ningún sentido que Manuel Lamela Lestón tuviese en el mes de mayo de 2010 conocimiento sobre un sumario que llevaba meses en curso, pero que se encontraba bajo secreto por decreto judicial. Como el agua clara y cristalina resulta evidente que este político socialista ceense era conocedor, cuando menos, de la parte del sumario que me afectaba; aunque se podría deducir que algo escondía cuando la información que trasladó al presidente de la Diputación estaba muy enrocada.

No es un hecho baladí, sobre todo si lo unimos a la circunstancia de que Lamela Lestón era el segundo teniente de alcalde y concejal delegado de urbanismo, infraestructuras urbanas y servicios y formaba parte de las mesas de contratación que proponían las adjudicaciones de las obras y de la junta de gobierno que posteriormente las adjudicaba. Y también a que nunca se produjo un voto en contra ni ninguna abstención en las votaciones de las mismas, incluidas las de la Casa de la Cultura y la sustitución del césped del campo de fútbol municipal por césped artificial, que fueron adjudicadas a la empresa Construcciones Daniel Ogando.

Manuel Lamela nunca estuvo imputado en el caso Orquesta, lo que resulta a todas luces sorprendente, dada su participación política en los procedimientos administrativos que fueron cuestionados. Fue el único político participante en el órgano de contratación que no fue imputado.

Estas circunstancias pueden constituir otro indicio de que la sombra del Partido Socialista Obrero Español, por medio de las acciones de algunos de sus representantes, resultó ser muy alargada; si no, no se podrían explicar con cierta lógica estas actuaciones o ausencia de ellas.

Coincidieron en el tiempo la intervención del Ayuntamiento, cuyo registro no afectó al despacho de Lamela, con la ruptura compulsiva, por parte de este, de papeles en su oficina municipal, en el que pasó días inmerso en una auténtica purga documental, no supe si motivada por un exceso de celo, miedo o simple prevención.

Escribe la astorgana Mercedes G. Rojo que cuando las ratas huelen que una tragedia se cierne sobre el barco en el que se han hecho fuertes ocupando sus bodegas, inmediatamente abandonan este, anunciando a la tripulación con su huida que un grave peligro se cierne sobre la nave. Eso es lo que hizo Lamela, presentando su dimisión once días después de la invasión policial y judicial en el Ayuntamiento, decisión que en principio no secundaron sus compañeras, Amancia Trillo, Junquera Cambeiro y el compañero Arturo Conde, que al final sucumbieron a la decisión del partido y presentaron la dimisión el 4 de abril de 2011. Tengo la obligación de decir y de agradecer que en todas las declaraciones de la que fuera mi vicealcaldesa hasta su dimisión, siempre afirmó que no dudaba de mi honorabilidad.

Coincidiendo con la gran evasión del gobierno toda la oposición, incluidos los socialistas, aprovecharon la circunstancia para pedir mi dimisión y poner el caso Orquesta en el foco principal de la campaña electoral. Destacaron por agresivas, erradas e impresentables las declaraciones del portavoz municipal del Bloque Nacionalista Gallego, Daniel Oca, quien llegó a decir que la presunción de inocencia tenía ciertos límites, los de la ética personal, y que antes de que se condene a nadie uno está en su derecho a presentarse a unas elecciones, pero con pruebas tan evidentes, por moralidad, por ética y por convencimiento, no lo debería hacer. Pues lo hice, me presenté a las elecciones y las gané, no solo esas sino también las del año 2015 y en condiciones todavía más adversas con las que recuperé la alcaldía usurpada con el pacto de la vergüenza.

Sin embargo, lo único relevante que hizo este individuo en política fue regalarle la alcaldía de Cee al PP con los votos del BNG, la primera vez que ocurrió este hecho en Galicia.

Otro indicio podemos encontrarlo en algunas manifestaciones de la hija de Lamela, alcaldesa de Cee desde 2019, que el día de la intervención en el Ayuntamiento, situada enfrente del mismo, al otro lado de la calle, afirmó que eso ella ya lo esperaba, pero no tan pronto. Da la impresión de que Margarita Lamela tenía conocimiento de unas diligencias que se encontraban bajo secreto, y, lo que es más llamativo, conocía los tiempos marcados para las actuaciones y su motivación. Se podría intuir de sus palabras, dada su condición de activa militante socialista, que consideró que se produjo pronto la entrada y registro del Ayuntamiento, porque disponía de información que apuntaba a que los promotores lo tenían planificado para un tiempo más cercano a las elecciones.

El siguiente personaje bajo la lupa que busca respuestas sobre la responsabilidad de la puesta en escena de la operación Orquesta, fue el ceense Francisco Caamaño, ministro de Justicia del último gobierno del presidente José Luis Rodríguez Zapatero. Él fue el último peldaño de la escalera jerárquica que utilizó el Partido Socialista Obrero Español para intentar convencerme de que fuese su candidato a la alcaldía de Cee.

Accedí al encuentro por la deferencia que debe tener un alcalde con un ministro, máxime cuando es de su pueblo y además coetáneo. Era el 25 de agosto de 2010 y me supuso no poder compartir en el barco de mis amigos, de la muy reconocida Charanga NBA, la popular fiesta de Os Caneiros en el río Mandeo de Betanzos, a la que acudía puntualmente todos los años hasta que sufrí el ictus en la campaña de las elecciones del 2015, que gané desde la cama del Complejo Hospitalario Universitario de Santiago. En esas elecciones concurrió por primera vez como candidata socialista a la alcaldía de Cee Margarita Lamela, la hija de Manuel Lamela, a quien mantuvo en salmuera desde el año 2007, y tengo dudas si le sentó peor que la derrotara desde el hospital o que la Audiencia Provincial de A Coruña me absolviera de las acusaciones por el caso Orquesta, en sentencia firme dictada en octubre de 2019.

Tal y como hice en las anteriores ocasiones en las que se me propuso la posibilidad de encabezar la candidatura del PSOE en Cee, la rechacé, y utilicé para ello los mismos argumentos en los que hoy me reafirmo, porque visto lo visto, dar ese paso podría ser utilizado para arrasar en las elecciones o con mi carrera política si se utilizaba la operación en curso en mi contra una vez dado el paso. Eso lo pensé a toro pasado pues como, puede pensar el lector, no era consciente en ese momento de que estaba siendo investigado.

Nos despedimos cordialmente y se dio la circunstancia de que a partir de esa fecha se aceleraron las investigaciones del caso, según consta en autos.

Volví a coincidir con él, en los actos del cincuenta aniversario del colegio Manuela Rial Mouzo, en el que estudiamos los dos y además intervenimos en el acto oficial, él en calidad de ministro y exalumno y yo en calidad de alcalde y exalumno, intervino, a su vez, en calidad de presidente de la Fundación Castro—Rial, Marcelo Castro—Rial Schuler. En la mesa presidencial nos acompañó el presidente de la Diputación de A Coruña, Salvador Fernández Moreda, que como siempre se mostró muy afectuoso conmigo, a diferencia del ministro, que toda la mañana se mantuvo distante y huidizo.

Podría ser otro indicio que apuntara a una mano negra socialista como ideóloga del montaje de la trama, el hecho de que el alcalde socialista de Corcubión, que ya aparecía como sospechoso en los informes policiales anteriores a las elecciones municipales del 22 de mayo de 2011, no fuese imputado hasta meses después de la celebración de las mismas y que no se viese sujeto a la humillante pena de telediario.

La existencia de unas diligencias previas para investigar un delito contra la salud pública por tráfico de drogas, las 536/2009 de 3 de agosto, en las que se vigilaban las actividades de un vecino de Muxía, de un ciudadano marroquí, de un exempleado de banca de la zona, de un socio de un empresario de orquestas de Negreira, de un empleado del Ayuntamiento de Cee y de Jorge Luis López Lago, dieron lugar a las diligencias 1001/2009 que investigaron los presuntos delitos imputados en el caso Orquesta. De todos era conocida la buena relación personal y laboral que mantenía con Jorge López y la circunstancia de que todavía hoy no se haya celebrado el juicio por el asunto de drogas en el que, por cierto, nunca se incautó ni una milésima de alguna sustancia prohibida. Todo ello provocó que muchísimos ciudadanos pensaran que el caso de las drogas y sus intervenciones telefónicas fuesen diseñadas para acceder a mi teléfono a través del de Jorge López Lago, lo que posteriormente indujo a que nuestra intervención de las comunicaciones telefónicas fuese declarada nula por conculcar derechos fundamentales constitucionales.

El SITEL, sistema informático para la intervención de las comunicaciones telefónicas por parte de la Guardia Civil y Policía Nacional, fue comprado por el gobierno de José María Aznar pero, sin duda, el que mejor lo entendió y exprimió al máximo sus posibilidades fue el fallecido vicepresidente y ministro de Interior socialista, Alfredo Pérez Rubalcaba. Parece poco probable que el jefe de la Policía Nacional en A Coruña no pidiese autorización o recibiese orden del subdelegado del Gobierno en la provincia para ejecutar la operación y que a este no le ocurriese lo mismo con el ministro de Interior. Sería de extrañar, también, que Rubalcaba no informase al ministro de Justicia de que se iba a intervenir el Ayuntamiento de su pueblo natal y detener a su alcalde.

La verdad es que con estas últimas reflexiones se podría hacer un *Tetris* e intercambiar las piezas de sitio sin modificar el sustrato de base que originó la afrenta de tan melodioso nombre.

No sería justo si no recordase aquí que el desaparecido subdelegado del Gobierno, al que antes me refería, el malpicán de Barizo, José Manuel Pose Mesura, intentó avisarme, a través de un amigo socialista de Carballo, de que estaba siendo investigado, pero lo hizo de una forma tan encriptada que no le di excesivo valor. Con posterioridad a la intervención policial, invitados amablemente por Carmen Riveiro y José Gabín, compartimos mesa en la comida da Fía. Me preguntó cómo estaba y me dijo que estuviera tranquilo, que eso se iba a quedar en nada. Resulta llamativo que dos personas tan relevantes en el ámbito político y judicial como eran el responsable máximo a nivel provincial de las fuerzas de orden público y el secretario judicial del juzgado instructor, me hubieran hecho el mismo comentario con pocas semanas de diferencia.

Pero nada hubiera sido posible sin un juez que tomase las decisiones procedentes para que se pudiera desarrollar esta historia. Y ahí estaba Andrés Lago Louro en el Juzgado de Primera Instancia e Instrucción n.º 2 de Corcubión dispuesto a darle el necesario amparo. Más de dos años tardó en redactar un auto de procedimiento abreviado, afeado en dos ocasiones por la Audiencia Provincial, primero cuando lo envió de vuelta para despiezarlo, hacer casos separados por ayuntamientos y motivar las acusaciones; y posteriormente en el juicio oral cuando se declararon nulas las escuchas por mala praxis y ser contrarias a derecho. En palabras del abogado de los políticos de Fisterra, el juez no encontró nada, no supo cómo concluirlo y le pegó una patada para arriba para que lo juzgaran en el ámbito penal.

Hace unos meses «La Voz de Galicia» le hizo un reportaje que tituló «Un apasionado de la justicia hecho a sí mismo». Afirmó la periodista que había dejado huella en la comarca. Y tanta, el caso de la dinamita de Camariñas archivado, el cadáver de Crisanto López sigue desaparecido y la Operación Orquesta resuelta en parte con archivos y en parte con absoluciones. Más acertado que huella sería decir que grabó en la comarca un tatuaje de un fantasma difuminado. Dijo en la entrevista que había que desmitificar la profesión de juez, que su trabajo era muy desconocido porque era esencialmente solitario, que se tenía que reflexionar mucho y tomar decisiones solo y que a veces acababa siendo víctima de informaciones que no son verdad. Aseveró también que tienen que impartir justicia valorando objetivamente todas las pruebas, que había que darle una respuesta jurídica a los acontecimientos y que el derecho penal tiene unas pautas muy estrictas con poco margen para la interpretación, y curiosamente dijo que aprecia mucho el sentido de la justicia y de la independencia. Es verdad que las personas a veces se olvidan de su trayectoria, pero otras muchas estamos aquí para refrescar la selectividad de su memoria.

La perspicacia del lector deberá enfocarse en encontrar al muñidor o muñidores de esta cacería sin precedentes en Galicia, donde nunca se habían tomado por asalto varios ayuntamientos al unísono, entre ellos el de Cee, por la Policía Nacional y la justicia. Nunca se desplegaron semejante cantidad de medios para recoger información administrativa y detener a tres alcaldes y dos tenientes de alcalde de pueblo. Berlanga no lo hubiera superado.

El ideólogo, solo o en compañía de otros, se encuentra en estas páginas al igual que los colaboradores necesarios. Rafi Escobedo está muerto, los imputados y los acusados en la Operación Orquesta nos encontramos todavía en el mundo de los vivos. **In *claris* non *fit interpretatio*.**

Agradecimientos

Gracias a don Xosé Carlos Mella Villar, licenciado en ciencias económica por la Universidad de la Sorbona en París, doctor en derecho por la Universidad Complutense de Madrid, profesor de Economía Política en la Universidad Complutense, director general de política financiera del gobierno de España Vicepresidente 1º de Xunta de Galicia y Conselleiro de Economía, Facenda y Comercio, bajo la presidencia de Gerardo Fernández Albor, parlamentario desde 1981 hasta 1989 en el Parlamento de Galicia, por UCD, Coalición Galega, miembro fundador, Partido Nacionalista Galego, miembro fundador, cabeza de lista del BNG a las elecciones al Parlamento Europeo en 1994 y escritor, por redactar el prólogo de este libro y que, sin duda, prestigia el mismo.

Gracias a Rafael Martín Méndez, profesor del Instituto de Enseñanza Secundaria Plurilingüe de Ames y amigo de la familia, por su colaboración a nivel lingüístico en la creación de este libro.

Gracias al abogado penalista, Antonio Platas Casteleiro por su asesoramiento jurídico, con el objetivo de que los lobos no vuelvan a morder.

Gracias a David Planas, pintor cubano de Güira de Melena, La Habana, afincado en España desde el año 2000, casado con una gallega y padre de otra, amigo de la familia. Creador muy prolífico que pintó los retratos de los alcaldes democráticos de Cee, con múltiples exposiciones entre la que destacan últimamente las de la galería Luisa Pita con la que acudirá a una importante feria de arte a finales de año en Miami y la exposición Iacobus en el museo de la catedral de Santiago. Es el autor de los dibujos que ilustran este libro y que sin duda lo revalorizan.

Gracias a José Manuel Traba Fernández, ex alcalde de Fisterra, amigo e imputado en el Caso Orquesta, quien en su calidad de biólogo marino me asesoró en algunos pasajes de la obra, así como, por su contribución a refrescar mi memoria en determinados hechos acaecidos en tan aciago trance.

Gracias a Rocío Hermida Cancela, secretaria del ayuntamiento de Cee y, también, imputada en el caso, por compartir conmigo diferentes asuntos objeto de la causa.

Gracias a Pilar Iglesias Lema, actual portavoz de Independientes por Cee en el ayuntamiento, mi mujer, y también imputada en el Caso Orquesta, como jefa de gabinete de la alcaldía en el momento de los hechos, por su aportación a este libro a la hora de recordar los hechos y por su apoyo moral y personal para que elaborase la obra.

Y por supuesto, gracias a todos los amigos, políticos o no, que llevan años animándome a la escritura de este texto y que están ansiosos por su publicación.

En Cee a 31 de julio de 2023

Índice